中学生に教えたい

日本と中国の本当の歴史

黄文雄

徳間書店

TOKUMA POCKET
徳間ポケット

はじめに

「歴史は繰《く》り返《かえ》す」といいます。過去にあったことは、未来にも起こるかもしれない。だから後世の人は「歴史をかがみにする」のです。われわれが、小中学校の時代から「歴史を学ぶ」のは、「歴史の教訓《きょうくん》」を知りたいからです。

戦後、あるいは最近も、日本と中国のあいだで、いろいろな揉《も》め事が起きています。尖《せん》閣諸島《かくしょとう》の領有《りょうゆう》や、日本の政治家の靖国神社参拝《やすくにじんじゃさんぱい》、日本の歴史教科書の記述などをめぐって、中国政府が日本を激《はげ》しく非難《ひなん》したり、さらには中国の民衆が反日デモで日本企業を襲《おそ》うといったことが起きています。

これらはいずれも、この100年ほどのあいだに起きた、日中の歴史が関係しています。

「日本は日清戦争のどさくさで尖閣諸島を盗《ぬす》んだ」

「日本は中国を侵略して、多くの中国人を虐殺《ぎゃくさつ》した。だからA級戦犯《エーきゅうせんぱん》のいる靖国神社を参拝するのは、中国人民を傷《きず》つける行為《こうい》だ」

「日本人がいかに残虐《ざんぎゃく》なことをしたか、反省して謝罪《しゃざい》しろ。そして、それを教科書に書け」

こうした中国からの「要求」に対して、これまでの日本は、ただ頭を下げるだけでした。

中国人による大規模な反日デモで日本人や日本企業が襲《おそ》われても、

「かつて日本が行った『中国侵略』について、日本人が反省していないのが悪い」

といった、日本側が悪いという論調《ろんちょう》が非常に多いのです。

では、日本は中国を本当に侵略《しんりゃく》したのでしょうか。それはいつからのことでしょうか。なぜ日本は中国大陸に出ていったのでしょうか。

近現代史については、学校であまり習わないせいか、こうした疑問に明確に答えられる人は少ないようです。

それでも「かつて日本は中国に悪いことをした」という、非常に漠然《ばくぜん》としたイメージを植え付けられているため、中国から歴史問題を持ち出されると、反論できなくなってしまうケースが多々見受けられます。

やすく説明しています。そしてそれは、これまで日本であまり語られてこなかった歴史の事実であり、歴史の見方です。

歴史を習い始める中学生から、近代史が苦手《にがて》な大人の方まで、本書が日本でまんえんしている「中華史観」から脱《だつ》し、誇りある歴史を取り戻す一助《いちじょ》となれば幸いです。

黄文雄

2012年12月

バイカル湖
ロシア
アムール河
ハバロフスク
黒竜江
松花江
烏蘇里江
哈尔濱
ハルピン
ウラジオストク
長春
図們江
呼和浩特
フフホト
瀋陽
北朝鮮
北京
ピョンヤン
日本
東京
天津
大連
石家荘
ソウル
太原
韓国
大阪
済南
鄭州
洪澤湖
淮河
南京
合肥
上海
武漢
太湖
杭州
鄱陽湖
長沙
南昌
尖閣諸島
沖縄本島
福州
台北
広州
台湾
香港
フィリピン

現在の東アジア地図
ザイサン湖
カザフスタン
ビシュケク
アルマトイ
キルギスタン
イルクーツク
ウランバートル
モンゴル
烏魯木斉
ウルムチ
青海湖
黄河
銀川
西寧
蘭州
延安
西安
金沙江
瀾滄江
怒江
雅魯蔵布江
ヤルツァンポ
拉薩
ラサ
ネパール
カトマンズ
ティンプー
ブータン
ガンジス河
インド
ブラマプトラ河
ダッカ
カルカッタ
バングラデシュ
エーヤワディー河
サルウィン河
ミャンマー
ネピドー
成都
重慶
長江
(揚子江)
貴陽
昆明
珠江
南寧
ベトナム
ハノイ
ラオス
ビエンチャン
メコン河
タイ
バンコク
海口

日本と中国の本当の歴史◎目次

第2章 中国の大混乱と巻き込まれる日本

想像を絶する天下大乱
自力で内戦を終結できない中国の宿命
自然と社会の崩壊から内乱に発展する中華の法則
戦争立国と平和立国との文化の違い
二十一か条要求と中国人の対日感情

第3章　満州に近代国家を誕生させた日本

満州とはどのような場所か
満州事変はなぜ起きたのか
軍閥や馬賊を満州から追い出した日本軍
満州の民から感謝された日本軍
なぜ満州は「日本の生命線」だったのか
満州の人々が望んだ新国家の建設
満州国は日本の傀儡《かいらい》国家だったのか

第4章　日中戦争は日本の侵略ではなかった——183

装　幀／井上新八
編集協力／仲上真之
写　真／国立国会図書館
アフロ／ロイター

第1章

日清戦争は「中国との戦争」ではなかった⁉

日清戦争はどうして起きたのか

中国では、1894年に起きた日清《にっしん》戦争のことを、「日本の中国に対する侵略の第一歩」と教えています。また、「尖閣《せんかく》諸島は、この戦争のときに日本が盗み取った島であり、中国に返還すべきだ」と主張しています。こうした中国の主張は正しいのでしょうか。

歴史にはさまざまな観点があります。日清戦争にしても、日本と清朝《しんちょう》だけを見ていては、本当のことはわかりません。当時の世界情勢を含めてみる必要があります。

日清戦争でまず考えるべきは、日本軍と清朝軍はなぜ、どこで衝突《しょうとつ》したのか、ということです。

日本と清朝がぶつかったのは、朝鮮半島です。清朝と日本が軍隊を朝鮮に送り、それによって両国軍が衝突したのです。では、なぜ他国である朝鮮半島が日清激突の地となったのでしょうか。

それを知るためには、まず清朝と朝鮮半島の関係を知る必要があります。

中華王朝の属国だった朝鮮半島

戦後の日本では、あまり教えられていませんが、朝鮮半島は長らく中華王朝の属国でした。朝鮮半島に高句麗《こうくり》、新羅《しらぎ》、百済《くだら》という3つの国がお互いに勢力争いをした三国時代（4世紀～7世紀）から、李氏朝鮮《りしちょうせん》時代の1895年まで、朝鮮半島で興《おこ》った王朝は、中華に君臨《くんりん》した王朝の属国《ぞくこく》となり続けました。

朝鮮半島の国が宗主国《そうしゅ》として仰いだのは、純粋な中華王朝ばかりではありませんでした。たとえば、モンゴル人の元《げん》や、女真《じょしん》人の清にも、力によって属国とさせられたのです。

ちなみに、元はモンゴル人のチンギスハーンがつくったモンゴル帝国を、孫のフビライハーンが1271年に国の名前を「大元《だいげん》」に改めたものです。1279年に中華の地にあった宋《そう》を滅ぼし、中華を統一します。ようするに、元は他民族による中華支配の時代でした。

朝鮮半島初の統一国家である統一新羅は唐《とう》の属国となりましたが、統一新羅を滅ぼした次の高麗《こうらい》は、13世紀にこの元の侵攻を受け、支配下に入っています。

その後、元の勢力が衰えたため、中華の地では1368年に漢人による明《みん》王朝が成立します。明は元を中華の地から追い出しました。

朝鮮半島では、1392年に高麗の武将であった李成桂《りせいけい》が、高麗を滅ぼして自らが王となります。そして明の属国となることを誓い、その際に、明から「朝鮮《ちょうせん》」という国名をもらいます。

この李成桂の建国した朝鮮は、1910年まで続きます。そこで現在ではこの朝鮮国を「李氏《りし》朝鮮」と呼んでいます。

明は1644年、李自成《りじせい》という農民の首領《しゅりょう》が起こした反乱により滅亡します。その後、この反乱軍を北京から追い出して壊滅させ、中華の地に新たな王朝を築いたのが、清です。

この清も、中国人による中華王朝ではありません。清は女真人のヌルハチが1616年に建国した国です(当時は後金《こうきん》と呼ばれていました)。女真人とは、北方の民族であり、中国人(漢人)とは別の民族です。

この女真人は、17世紀にいたるまで独自の王国をつくれず、モンゴル人の北元《ほくげん》・漢人の明《みん》・朝鮮人の朝鮮王国に臣属していました。ヌルハチが明王朝の迫害《はくがい》に対する仇討《あだう》ち宣言「七大恨」を掲げ、満州各地に散らばっていた女真人を統一して後金国を建国したのです。

明代の東アジア地図

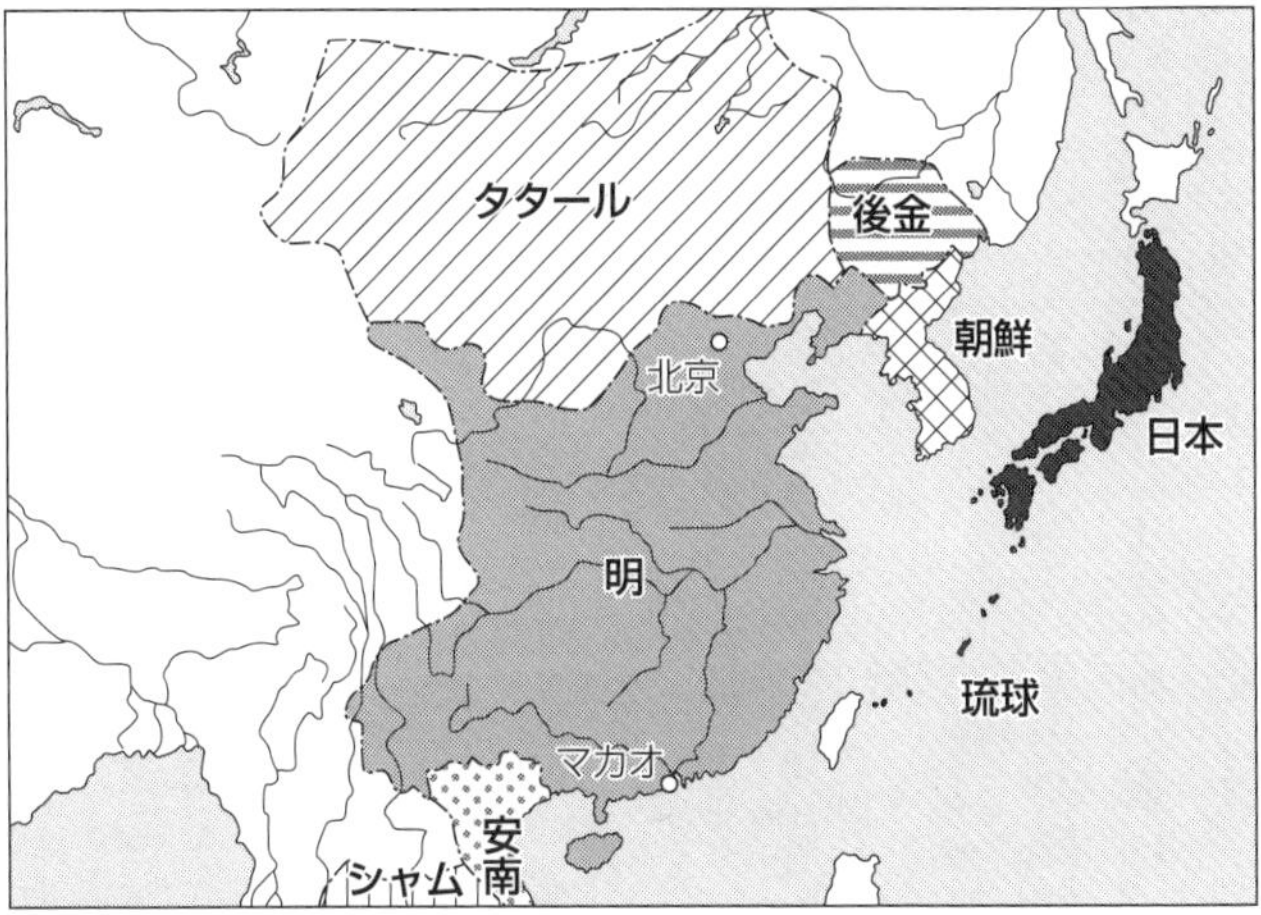

清代の東アジア地図

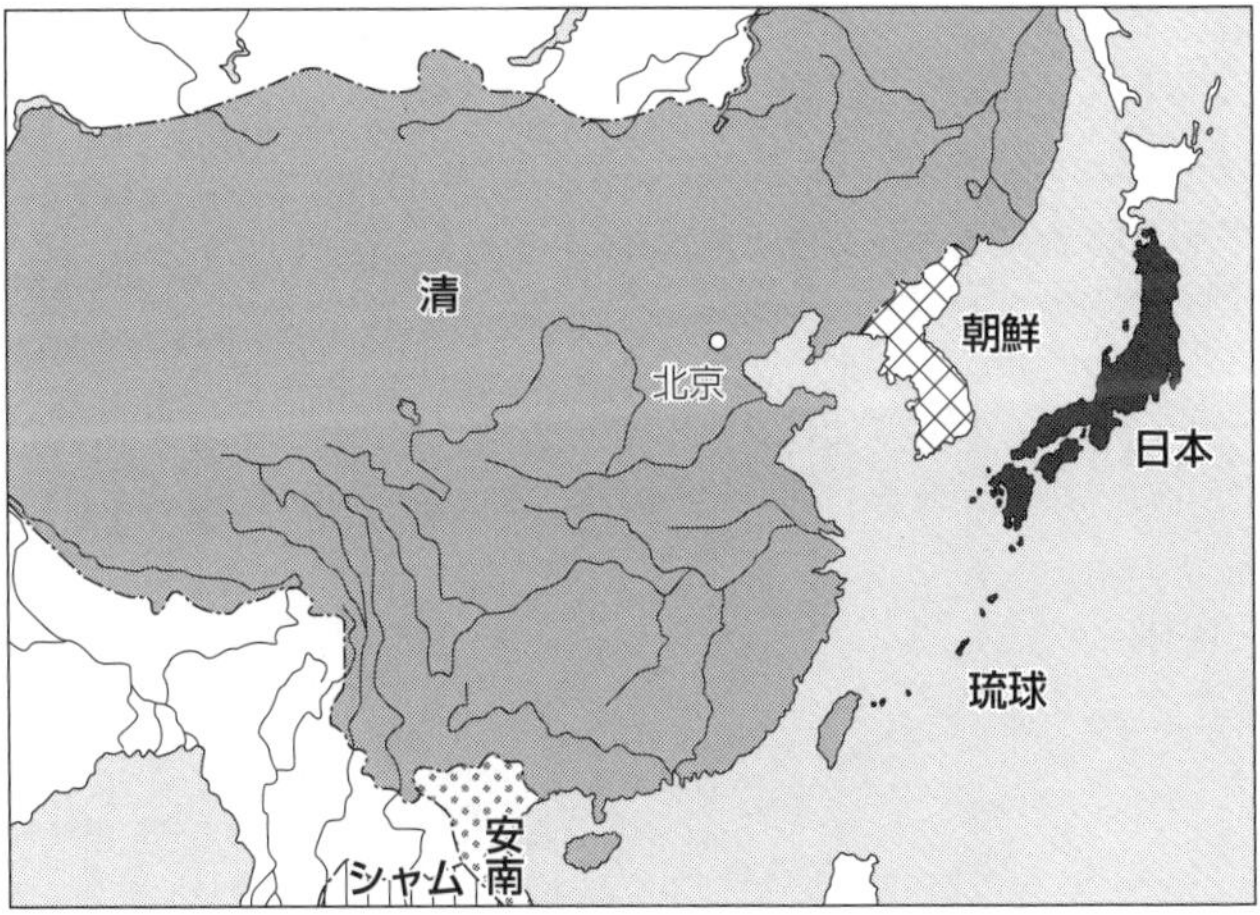

中国人には「中華思想」があると言われますが、これは、中華の民である自分たちを文明人だとし、その周辺諸民族を夷狄《いてき》（野蛮人）だと見なす思想です。その文明人である中華と、野蛮人である周辺諸民族を分ける境界線が、万里の長城です。

そして、女真人はこの万里の長城の外側にいた民族です。だから、清も中国人にとっては異民族の王朝なのです。このことは後に、非常に大きな意味を持ちますので、覚えておいてください。

ヌルハチの子どもであるホンタイジは、モンゴル人の国である北元《ほくげん》と連合し、1636年に国の名前を「大清《だいしん》」と改め、自ら皇帝となります。そして自分たちの民族の名前を「女真人」から「満州人《まんしゅう》」に改めます。

このときホンタイジは、李氏朝鮮に「われわれと連合せよ！」と要請します。しかし、当時、李氏朝鮮は明の属国です。しかも朝鮮の人たちは、長らく中華王朝の属国であり続けたため、中国人以上に中華思想が身についています。自らを「小中華」と自負《じふ》

ホンタイジに土下座する仁祖が描かれた銅版画

し、野蛮な周辺国の民族とは違うという誇りを持っています。

そのため、李氏朝鮮にとって女真人は単なる野蛮人にすぎません。そこで当時の第16代国王である仁祖《じんそ》はこれを無視します。激怒したホンタイジは大軍で朝鮮を攻めます。

ホンタイジの攻撃により、仁祖の王子一族、宮女が連れ去られるなど、朝鮮は大きな被害を被《こうむ》ります。そしてついに1637年、李氏朝鮮はホンタイジの清に降伏し、属国になることを受け入れます。

ホンタイジは、李氏朝鮮の非礼と、その誤りをただした清朝皇帝の徳を後世に伝えるために、「大清皇帝功徳碑《だいしんこうていこうとくひ》」をつくらせます。この碑は満州語、モンゴル語、漢語の3カ国語で書かれ、ホンタイジに土下座する仁祖の姿が彫られています。現在もソウル市内にその碑が残っています。

ソウル特別市松坡区にある**大清皇帝功徳碑**。韓国では「恥辱碑」とも呼ばれている

「清＝中国」というのは大間違い

李氏朝鮮を無理やり属国にした清は、3代目の順治帝《じゅんちてい》の時代に中華の地に攻め込み、明を倒した農民反乱軍を平定して、1644年に中華全土を支配下に収《おさ》めます。

このように、清は漢人による中華王朝ではなかったのです。現在ではあたかも、清は中国人（漢人）による王朝のように語られます。しかし、あくまで異民族による征服王朝だったのです。

さらに時代が下り、1900年前後には、この清朝を倒そうとする動きが中国で活発になりました。そのときの中心人物が、有名な孫文《そんぶん》ですが、孫文がスローガンとしたのは、「滅清興漢《めっしんこうかん》」（清を滅ぼして漢人の国を興す）であり、「韃虜《だつりょ》を駆除して中華を恢《かい》復《ふく》する」（満州人・モンゴル人を駆逐して、漢民族の国家を取り戻す）でした。これもまた、中国人が清を異民族による中国支配

孫文

だと考えていたことを示す証拠です。

中国には「易姓革命《えきせい》」という思想があります。天子が徳を失うことによって天命が移り変わり、別の姓（血族）の者が新たな天子（皇帝）となる、という考え方です。この考え方にしたがえば、漢民族の宋《そう》、モンゴル人の元、漢民族の明、満州人の清へと政権が交替していったことも天命だということになりますが、これは中華帝国の勝手な解釈にすぎません。

元朝は中華世界を完全征服し、モンゴル至上主義を実行しました。モンゴル人は最上位の第一階級、西方諸民族（色目人《しきもくじん》）は第二階級、北方の契丹《きったん》人や女真人、旧金王朝下の漢人（北人）は第三階級、そして南方の中国人は南人として最下位の第四階級に置かれていたのです。

元朝は衰退後、開国の地である長城以北の草原に追い返され、漢民族は明王朝を築きました。しかしその後、明は300年近くの間、モンゴル人の北元や東南海岸の倭寇《わこう》の襲来に悩まされ続けました。これを「北虜南倭《ほくりょなんわ》」といいます。元は明に滅ぼされて交代したのではなく、その後もずっと対立していたのです。

一方、満州人の祖先である女真人は、ずっと独自の王国をつくれずにいました。朝鮮半島北部の長白山脈《ちょうはくさんみゃく》以北の建州女真《けんしゅうじょしん》、海西《かいせい》女真、黒龍江流域の野人《やじん》女真の3部にわかれ、北元、明、朝鮮に服属していたのです。

そんな中、太祖《たいそ》ヌルハチが女真人を統一して後金国を打ち立てたのは前項でも触れたとおりです。清朝は満州人・モンゴル人の連合王朝であり、漢民族は奴隷として差別されました。

満州人は宦官《かんがん》（去勢《きょせい》された官吏《かんり》）になってはならないとされ、漢民族を宮女《きゅうじょ》にすることも許されませんでした。漢民族が満州に移住することを許されたのは19世紀末で、満州人との結婚が解禁されたのは20世紀に入ってからだったのです。

また清朝の対外条約公文書は満州・モンゴル両族の文字で書かれ、アヘン戦争による1842年の南京《ナンキン》条約にいたってようやく漢文が付け加えられました。清朝の軍事行政上の最高機関で、権力の中枢だった軍機処には漢民族は入れず、日清戦争後の下関条約で全権大使を務めた李鴻章《りこうしょう》ほどの重臣さえ、家奴《かど》（家内奴隷）とされていたのです。

清朝以前にも中国史をさかのぼれば、五胡十六国《ごこじゅうろっこく》や南北朝、契丹人の遼《りょう》、女真人の金《きん》、モンゴル人の元など、漢民族以外が中国の地を支配した例はほかにもあります。このうち遼、金、元を征服王朝と認める説は存在しますが、五胡や清は征服王朝とは考えないのが主流です。それはなぜでしょうか。

彼らは「華化《かか》」、すなわち中華文化に同化されたからだ、というのがその答えです。野蛮人である異民族の軍事力で一時的に支配されることはあっても、結局は中華文化に征服されていったという考え方だからです。むしろモンゴルのように、中華に同化できなかった民族こそ哀れだ、と思われているのです。

しかしじっさい、元や清における漢民族は文化で満州人を征服するどころか、厳しい差別を受け「家奴」扱いされていたことはすでに述べたとおりです。それでも清のヌルハチを「太祖《たいそ》」と呼び、自分の先祖として祭り上げる中国人は少なくありません。

進んで侵略者の子孫になりたがるというのもおかしな話ですが、中国には「認賊做父《レンツエイツオフー》」（強盗をも父と呼ぶ）という言葉があるように、中国人は侵略された民族の奴隷になることを嫌がりません。

日本では、古代から現在まで、何度か政権の交替がありましたが、天皇の家系はそのまま続きました（これを万世一系《ばんせいいっけい》といいます）。しかも政権が変わっても、いずれも日本人によるものです。だから中国のように、異民族支配による政権というのをあまり理解できません。だから清を中国人の王朝と思ってしまうのですが、まったく別の民族なのです。

中国では、チンギスハーンは中国人の英雄だと教えています。それに対してモンゴルがクレームをつけています。当たり前ですね。現在の中国は、自分たちを支配した異民族を「中国人だ」と主張することが多いのです。しかしそれでは、インドを植民地にしたイギリス人はインド人だということになってしまいます。

現在の中国が、清朝の後継者であるかのように振る舞い、「尖閣諸島は日清戦争のどさくさで盗まれた」などと言うこと自体が、おかしなことなのです。

アヘン戦争に負けた清

こうして清は李氏朝鮮を属国にして、中華に君臨しました。清は第4代目の皇帝である康熙《こうき》帝が即位した1661年から、第5代雍正《ようせい》帝（在位1722～35年）を経て、第6代乾隆《けんりゅう》帝（在位1735～95年）までの3代、130年あまりの間に最盛期を迎えます。

漢人の反乱は康熙帝の代にほぼ平定され、中国は事実上征服・統一されました。雍正帝・乾隆帝と帝国の拡大は続き、乾隆帝の代には新疆《しんきょう》（東トルキスタン）・チベット、そして西南部の貴州、ビルマ、ベトナムまでが服属することになります。

中国が現在でもチベットやウイグルを「絶対不可分の固有領土」だと主張して譲らない根拠は、この時代にあるのです。しかし中国の領土は歴代王朝の力関係によって拡大と縮小を繰り返してきたのですから、「伝統的な固有の領土」というものは存在しません。

清朝は、後金国以来、6代200余年続いた征服戦争で、清朝の領土を宋・明以来の伝統的な内中国領土の3倍以上にまで広げています。

しかし、1800年代に入ると、清は次第に国力が弱まってきます。

一方、このころのアジアの情勢といえば、15世紀末に始まった大航海時代により、オランダやスペイン、イギリスといったヨーロッパの国々がアジアで交易を行っていました。日本に鉄砲が伝来したのも、この大航海時代です。

1800年代、イギリスは清から茶を大量に買い付けていました。現在でも中国茶は有名ですが、当時、イギリスは中国のお茶を輸入して紅茶にしていました。イギリスの上流社会では中国製の紅茶が大流行しました。アフタヌーンティーというのも、このころできた習慣です。

ところが、あまりにも中国製の紅茶が人気のため、イギリスのお金がどんどん中国に流れて行きました。イギリスはお茶以外にも、中国からは陶磁器《とうじき》（だから英語ではチャイナといいます）や絹《きぬ》などを輸入していました。

そのため、当時の通貨は銀が主流でしたが、イギリスから銀が流出して、底をつく状態でした。

この状態を現在の言葉で言えば、「貿易赤字」といいます。イギリスが中国から輸入する額が、イギリスが中国へ輸出する額よりも大幅に上回っている状態です。

この赤字をなくすためには、イギリスからの輸出額を増やす必要があります。とはいえ、当時のイギリスが中国に輸出できるものというと、あまりたいしたものはありませんでした。

そこでイギリスは、植民地であるインドで栽培したアヘンを、中国に輸出することを考えつきます。アヘンとは麻薬の一種で常習性がありますから、これを吸って麻薬中毒になってしまうとやめられなくなってしまいます。

こうして、中国にアヘンが大流行します。イギリスにとっては、銀の流出が収《おさ》まり、紅茶の代金もアヘンで支払うことすらできる

道光帝によってアヘン禁輸の欽差大臣に任命された**林則徐**は、イギリス商人が持っているアヘンをすべて没収し処分した。これがアヘン戦争の引き金となった

ようになりました。それどころか、流出した銀までもがイギリスに戻り始めました。それほど、アヘンが中国で流行したのです。

もちろん、国中に麻薬がまんえんすれば、国からも国民からも活力が失われます。国民ばかりか、役人まで働かずにアヘンばかり吸っていますから、政治も滞《とどこお》ります。清政府はアヘン輸入を禁止しますが、密貿易は止まりません。

こうした国の状況を憂《うれ》えた一人の役人がいました。彼の名を林《りん》則徐《そくじょ》といいます。林則徐はイギリス商人が持ち込んだ大量のアヘンを没収し、処分します。

これによりイギリスと清の間でもめごとが起こります。すったもんだの末、このアヘン問題自体は、とりあえず沈静化しましたが、清は乾隆帝以後の19世紀になって朝貢貿易を維持することができなくなってきていたこともあり、イギリスに対する懲罰戦争を決定します。

一方、イギリスはこうした朝貢貿易の廃止と貿易自由化をめざ

イギリス海軍の鉄の蒸気船が清のジャンク船を破壊している様子が描かれた、アヘン戦争の絵

して、これに応じます。

これがアヘン戦争です。1840年から2年間、戦われました。その結果は、清朝側の敗北です。清はこれによって香港をイギリスに割譲させられ、さらに広東、厦門《アモイ》、福州、寧波《ニンポー》、上海《シャンハイ》を開港させられます。また、アヘンもますます広がっていきました。

伝統的な支配秩序の崩壊

伝統的な支配秩序が崩壊したことも、清朝の没落に拍車をかけました。中国では古代から、「冊封《さくほう》」というシステムによって周辺民族を従える体制を維持してきました。中国すなわち「中華」は文字通り「世界の中心に咲く華《はな》」であり、未開の夷狄は中華文明によって文明開化され、中華の一部になることを許されるという考え方です。夷狄は中華に貢物《こうもつ》を捧《ささ》げ（朝貢《ちょうこう》）、天子によって官位を与えられます（冊封）。

この制度は紀元前から続いていましたが、清朝は内外の諸民族と次のような朝貢関係を形成していました。

①天領《てんりょう》（直轄地《ちょっかつち》）である満州は入植禁止
②モンゴル、新疆、チベットなどは藩部《はんぶ》（従属関係の半自治国）
③朝鮮、ベトナム、シャム（現在のタイ）などは朝貢国
④ビルマ、ネパールなどは準朝貢国
⑤ポルトガル、オランダ、イギリス、サルディニア（イタリア）、バチカンなどの西夷《せいい》は朝貢貿易により朝貢国とみなす
⑥日本、東南アジアの開港都市などは、冊封は受けないが貿易関係のある互市《ごし》国

オランダやイギリスなどヨーロッパ諸国が朝貢国に入っているのはおかしなことですが、清朝にとって貿易相手はみな自分の属国でした。つまり、清朝との通商を求める国はすべて天子の徳を慕って朝貢してくるものだとみなしていたのです。

ちなみに中華の歴代王朝は自ら天から下された「天下」であり、その下にあって朝貢するものが「国家」であるとみなします。だから清はあくまでも「清朝」であって「清国」ではないのです。

しかし言うまでもなく、これは世界的にはとうてい通用しない考え方です。ことに大航

海時代以後、世界史は陸の時代から海の時代へと移り変わり、西洋の優位は揺るぎないものとなりつつありました。その流れの中で起こったのが「アヘン戦争」なのです。

朝貢以外の国家関係を認めなかった清朝は敗戦し、開国せざるをえなくなりました。それまで朝貢秩序によって維持されていた東アジア世界は次々に列強（ヨーロッパの大国）の植民地となり、清も分割される危機に直面します。

それは一面では「西洋による東洋の侵略」です。しかしその前から清朝が新疆やチベットの諸民族を侵略・征服していたことを考えれば、「アヘン戦争が中華帝国のアジア侵略を阻止した」と見ることも可能なのです。

19世紀以後に起こった東西文明の衝突は、見方を変えれば、中華帝国の朝貢秩序・冊封体制と、欧米列強の万国公法・近代国際法秩序の衝突だったといえるでしょう。そしてその衝突の結果、中国の覇権《はけん》主義は維持できなくなり、近代国際法秩序体系に編入

乾隆帝に拝謁する
マカートニー

されていくことになります。

清の戦争とは野蛮人を懲《こ》らしめること

ここで、中華帝国の歴史的な戦争観を解説しましょう。それは野蛮な夷狄を懲《こ》らしめるというものです。

1793年、イギリスの特使マカートニー伯爵が乾隆帝に拝謁《はいえつ》した記録が残っています。清朝は皇帝に拝謁する作法として、3回ひざまずいてそのたび地に頭を3回つける「三跪九叩頭《さんききゅうこうとう》」の礼を要求しましたが、マカートニーは拒絶しました。

また、乾隆帝はイギリスの使節団を「朝貢」として受け入れましたが、通商の要求は「天朝にないものはない。欲しいものがあるなら恵んでやる」と断りました。国家として対等な関係を結ぶという発想はまったくなかったことがわかります。

それから約50年後、アヘンの密貿易をめぐって、清とイギリス

天朝にないものはない。
欲しいものは恵んでやる

乾隆帝

の間にトラブルが発生しました。それはいったん決着したものの、当時の道光帝《どうこう》はそれを不服とし、天朝に背く「英夷《えいい》」を懲らしめようと戦争を決意したのです。

中華は朝貢国を「徳治」「徳化」しますが、相手が「礼」を失した場合は懲罰《ちょうばつ》する、という原理を持っていました。ですから、イギリスに対する「義戦」の聖旨《せいし》（天子の命令）は「わが天朝が外夷を従わせるには、ひとえに恩義を以《もっ》てする。各国が恭順《きょうじゅん》であれば、礼を厚くして待遇し、共に平和な世界を楽しもうとするのである」「（夷が従わなかった場合は）天に逆らい、道義にもとり、その性は犬羊と同じであるから、天地は許さず、また神も人も憤るところである。かくてただ痛撃を加えて根こそぎ殺し尽くすしかなく……」というものでした。

ヌルハチの時代から天下無敵・不敗だった清の八旗《はっき》軍は、英国との戦争にも絶対勝つと信じていました。「黒夷（黒人）一人斬《き》るものには50両《テール》、白夷（白人）なら100両」といった懸賞金を出していたことからも、戦争を盗賊退治くらいにしか考えていなかったことがわかりますが、結果は清朝の根幹を揺るがす惨敗でした。

その後、清はベトナムをめぐる清仏戦争（1884～85年）、日清戦争（1894～95年）、義和団《ぎわだん》の乱（北清《ほくしん》事変とも呼ぶ、1911年）といった一連の争乱を起こします。

これは現在では、列強による中国侵略史とされています。しかしその実態は、中国が朝貢秩序を守るために西夷＝西洋と東夷＝日本に対して起こした懲罰戦争、そしてその失敗の連続だったのでした。

１９７９年の中越《ちゅうえつ》戦争でも、中国はベトナム懲罰の名目で出兵したものの、たちまち敗退しています。19世紀の動乱と、本質はまったく変わっていないといえるでしょう。

中国は現在でも、近代国家・近代民族をつくるにいたっていません。中華民国において、孫文は大漢民族による中華復活を唱えましたが、結局成功しませんでした。中華民国誕生から１００年、中華人民共和国の時代にいたっても、「人民の共和国」は名ばかりです。

文化もアイデンティティも利害関係も異なる多数の民族を、無理やり一つの「中華民族」に仕立て上げられるわけはありません。「一つの中国」に固執《こしつ》する中国は今日でも領土問題や民族問題が頻発《ひんぱつ》し、アジアの争乱の火種になっているのです。

日本の開国と維新

話が少し横にそれましたが、日本でも、このアヘン戦争の結果についていちはやく伝えられ、江戸幕府は衝撃を受けます。そして敗戦した中国よりも早く、この戦争の国際的な意味を理解し、危機感を持ちます。

1853年にペリーが来航し、開国を促すアメリカ大統領の親書を江戸幕府に渡します。さらに翌1854年にペリーは再び来航し、日本にプレッシャーをかけます。

日本はやむなく開国を決断し、日米和親条約を結びます。さらに1858年には、不平等条約である「日米修好通商条約」を締結《ていけつ》させられました。

こうした幕府の弱腰の対応は、大きな反発を招きました。外国人を排斥《はいせき》すべきという「攘夷論《じょういろん》」が活発になり、倒幕運動につながり、1867年、ついに江戸幕府は倒れ、明治政府が誕生します。

これが有名な明治維新ですが、新たに誕生した明治政府がめざしたのは、先に結ばれた不平等条約の改正でした。当時は列強の時代であり、弱小国や未開の国は植民地にされたり、不平等条約を押し付けられたりします。

その状態から抜け出すには、日本が近代的な強国となる必要があったのです。そこで日本は積極的に外国から学び、鉄道を敷き、憲法を整え、さらには近代的な兵力を整備し、富国強兵に努めたのです。

西洋に対する日中韓の対応の違い

アヘン戦争やペリー来航など、欧米列強の力がアジアに及ぶようになったことに対して、清や李氏朝鮮はどう対応したのでしょうか。日本は危機感から明治維新を成し遂げて開国しました。

その一方で、清や李氏朝鮮は、あいかわらず国内改革などを行うつもりはありませんでした。アヘン戦争に負けた清は、5つの港を開きはしましたが、開国はしませんでした。

朝鮮半島では、さらに開国に抵抗していました。1863年、高宗《コジョン》が朝鮮国王に即位しましたが、わずか11歳だったため、その父親である興宣大院君《こうせんだいいんくん》が摂政《せっしょう》として権力をふるいました。

この大院君は、徹底的な攘夷《じょうい》を行います。1866年、朝鮮で布教活動を行っていたフランス人宣教師9人と信者を処刑します。そのためフランスは朝鮮に軍艦を派遣し、戦争に発展しますが、

李氏朝鮮第26代国王である高宗の摂政となって権力をふるった**興宣大院君**

準備不足だったフランスは敗退します。

また、同年、朝鮮との通商を求めて平壌《へいじょう》に迫ったアメリカの武装商船ゼネラル・シャーマン号を攻撃、焼き討ちし、乗組員を全員殺害しています。

これに対してアメリカは艦隊を組んで朝鮮に攻撃をかけましたが、朝鮮軍の奇襲《きしゅう》にあって、撤退《てったい》します。

これらの勝利により、興宣大院君はますます攘夷への自信を強めます。

1868年、日本では明治政府が誕生します。新政府はさっそく、李氏朝鮮に対して国書を出して、日本が新しい体制に代わった挨拶をします。

ところが、日本の国書に「皇」や「奉勅」という文字が入っていたことから、朝鮮側は受け取りを拒否します（この事件を「書契《しょけい》問題」といいます）。これらの文字は、皇帝がいる宗主国の清朝だけが使用できるものであり、日本ごとき倭夷《わい》（野蛮人）が使うのはけしからん、という意識でした。

そもそも清朝や朝鮮は、明治維新を敵視していました。

当時、清朝の知識人は、明治維新を日本天皇一派の「易姓革命《えきせいかくめい》」（王朝交替）と見なし、暴逆によって徳川一族の王の地位を奪い取ったと思っていました。江蘇按察使《こうそあんさつし》（地方長官）の応宝時《おうほうじ》などは、明治天皇が徳川幕府から権力を奪ったのは「不義不道」だとして、「精鋭なる軍万人を選び、ただちに長崎を撃ち、進んで倭都（江戸）を攻めれば、日本の民衆に熱烈歓迎される」「天に代わりて不義を伐《う》つ」などと、日本懲罰《ちょうばつ》、征伐《せいばつ》まで唱えていました。

朝鮮の支配階級である貴族（両班《ヤンバン》といいます）たちも、日本の欧化を「獣の衣服をまとい、獣の声をまねする」と言っていました。

このように清や朝鮮は、世界情勢に対する危機感から維新を成し遂げた日本と異なり、あくまで旧来の体制を維持することにこだわったのです。

国書を突き返した朝鮮の非礼に対して、日本国内では「朝鮮を討伐《とうばつ》すべきだ」という「征韓論《せいかんろん》」が湧き上がります。

日本は何度か朝鮮に国書を送りますが、それでもなかなか日朝関係はうまくいきません。

琉球処分と台湾出兵にあせる清

転機となったのは、1872～79年の琉球《りゅうきゅう》処分と1874年の台湾出兵でした。

琉球処分とは、明治政府が廃藩置県《はいはんちけん》（1872年）により、琉球王国を沖縄県へと改編（1879年）したことです。

琉球王国は代々、中華王朝に対して冊封していましたが、1609年に薩摩《さつま》藩の島津氏の侵攻により、薩摩藩の従属国となっていました。それでも、中華王朝への冊封は続いていたのです。一般的にはそれを「両属《りょうぞく》関係」といいます。

琉球処分により、この冊封は禁止され、琉球王国の王は日本の華族に叙《じょ》せられました。面白くないのは清朝です。日本に対して抗議を行います。

ところが1871年10月、琉球民の乗った船が台湾南部に漂着、この乗組員66人のうち、54人が中国人と間違われて台湾先住民に殺害される事件が起きました。これは現代では「牡丹社《ぼたんしゃ》事件」「台湾事件」と呼ばれています。

これに対し日本は、清朝に対して抗議を行います。日本にしてみれば自国民が殺害されたのですから、当然のことです。これに対する清朝の答えは、「台湾は文明の及ばない地（化外《けがい》の地）であるから、清は関係ない」というものでした。

そこで日本は、1874年に台湾に出兵し、事件が起きた地域を制圧します。ちなみにこのときの戦闘では日本側の死者は12名でしたが、台湾の風土病で560人以上が病死しています。

日本側は再度、清と交渉します。清は日本のこの出兵を義挙《ぎきょ》と認め、賠償金《ばいしょうきん》を支払うことで決着し、日本軍は台湾から撤退します。そして、この事件により、琉球民が日本国民であることが、国際的に承認されるかたちとなりました。

しかし、現在の中国では、琉球処分を「無効だ」と唱えたり、台湾出兵を「日本による最初の中国侵略」だとして、「沖縄は中国のものだ」と主張する中国人学者も少なくありません。現実に、中国の新聞にそうした主張が掲載《けいさい》されています。現在の中国は言論の自由がありませんから、こうした主張は、中国政府の意図を代弁したものであることは言うまでもありません。

日本では、中国は尖閣《せんかく》諸島の次に、沖縄の領有を主張するだろう、と予測されています。

朝鮮開国と属国関係の変化

さて、自分たちの冊封国だと思っていた琉球が日本に正式に編入され、台湾出兵まで起こされたことで、清朝側は、他の冊封国や属国が同様なかたちで離反《りはん》することを警戒しました。

一方、朝鮮と国書をめぐり対立が深まっていた日本ですが、なんとかこの関係を好転させようと、外交努力を重ねます。ところが大院君は、1872年、交渉のために朝鮮に渡った日本側の公使・花房義質《はなぶさよしもと》が、蒸気船に乗り、洋服を着てやってきたため、「日本人も西洋人と同じ敵である」と非難し、交渉は暗礁《あんしょう》に乗り上げます。

こうした徹底的な西洋ぎらいの背景にあった思想が、「衛正斥邪《えいせいせきじゃ》」です。邪悪な西洋の文明を退けて、正しい（正統な）中華の文明を守る、という意味です。

その後も、朝鮮側による饗宴《きょうえん》（客のもてなし）の席で、日本の大使に明治政府が定めた正装《せいそう》である大礼服を着用するなと要求するといったこともあり、交渉はなかなか進みません。

業《ごう》を煮やした日本は、1875年、雲揚《うんよう》と第二丁卯《ていぼう》という2隻の軍艦を朝鮮に送ります。名目は測量でしたが、交渉の進展を促

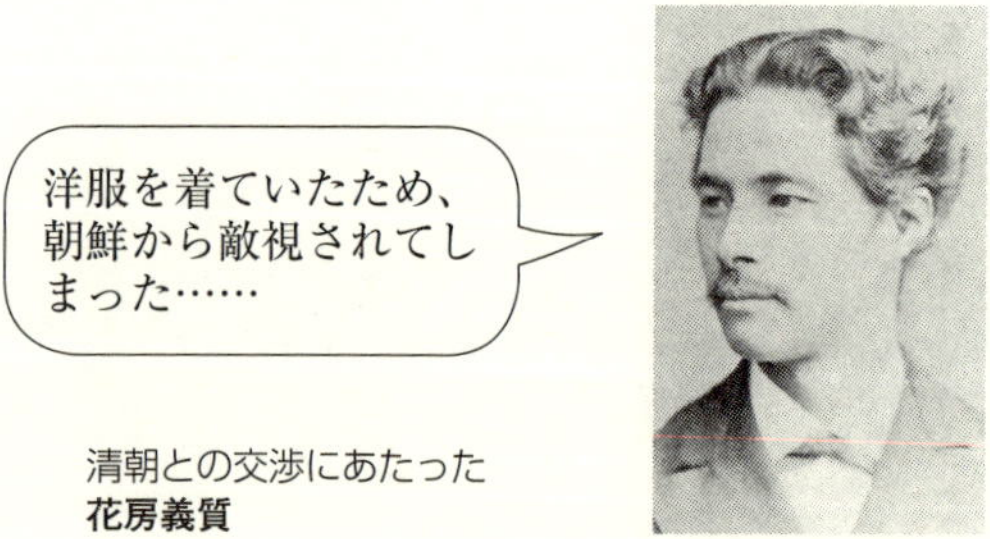
洋服を着ていたため、朝鮮から敵視されてしまった……

清朝との交渉にあたった
花房義質

す示威《じい》行為でもありました。

ただし、それでも交渉は進展しないので、名目上の任務である測量を江華島《こうかとう》付近で行っていると、突然、朝鮮側から砲撃を受けます。これが「江華島事件」です。

それまでの不満がくすぶっていた日本は、この事件から朝鮮に対してより強硬な態度で臨《のぞ》みます。その勢いに押された朝鮮側は謝罪し、開国して互いの公使を首都に置き、日本との自由貿易を定めた「日朝修好条規《しゅうこうじょうき》」を1876年に結ぶことを承諾します。

この日朝修好条規は、治外法権《ちがいほうけん》の条項があるなど、「日本が朝鮮に押し付けた不平等条約だ」と非難されていますが、朝鮮側に近代的な国際法に詳しい人物がいなかったため、朝鮮側に不利な内容になったという一面もあります。

「外交は武器を持たない戦争」とも言われますが、各国とも自国の国益を第一に考えます。これは現在でも同じです。

日本の軍艦雲揚号の兵士たちが江華島の永宗島砲台と交戦している様子を描いた木版画

この日朝修好条規には、第一条に「朝鮮は自主の国であり、日本と平等の権利を有する」と明記されました。これはようするに清との属国関係を日本は認めないということです。

さて、こうして朝鮮が開国すると、列強も朝鮮を清朝の属国とは認めたがらなくなってきました。そして直接朝鮮と密約や条約などを結び、外交関係を持つ国が出てきたのです。そもそも、西洋諸国や近代国家となった日本にとって、清朝と朝鮮の主従関係は、理解しがたいものでした。

朝鮮の中華王朝への従属は徹底しており、国王の葬儀から、太子（次の国王候補）を選ぶこと、政府の人事まで、清朝の許可なくしては不可能でした。ただ、属国というと現在は卑屈《ひくつ》な感じがしますが、当時の朝鮮は中華の属国であったことに誇りを持っていたのです。

朝鮮は自ら「小中華」を名乗り、朝鮮の貴族たちは、こぞって中国の漢語を使い、中華の暦《こよみ》を使っていました。15世紀半ばに李氏朝鮮の世宗《セジョン》が朝鮮の独自の文字であるハングルを創出したときも、貴族は漢文を使い続けるべきだと強く主張したため、普及しませんでした。

ちなみに、ハングルが朝鮮半島で一般に使用されるようになったのは、1880年代後半に、日本が普及に努《つと》めたからです。

それはともかく、清朝と朝鮮との間にはこうした強い主従関係がありましたが、とはいえ、外国が朝鮮と条約を結ぶ際、清朝が前面に出るわけにもいきません。朝鮮国内のすべてに責任を持つことなど、清朝自体も望んでいませんし、できるわけがないからです。

しかし、朝鮮と条約を結んでも、その後ろに清朝の指導があるのでは、諸外国も、どちらを相手にすればいいのか、判断に迷ってしまいます。

このように清朝と朝鮮の宗属（宗主と属国）関係は、さまざまな矛盾をはらんでいるため、諸外国はこれを認めようとしなくなってきたのです。

強まる清の朝鮮支配

これに危機感を持った清朝は、朝鮮管理の強化に出ます。たとえば清朝は朝鮮の第三国への公使派遣は認めるものの、「全権」の2文字は使用禁止としました。そして以下の「另約三論《れいやくさんろん》」というものの順守を強要しました。

一、朝鮮公使は駐在国に赴任《ふにん》したら、必ず清の公使館にまず報告し、清の公使を経て相手国と折衝《せっしょう》すること

二、公使外務の席上、朝鮮公使は必ず清の公使の次席に座ること

三、重要交渉があるときには清に事前報告し、相手国に関係なく属邦《ぞくほう》体制を守ること

さらに、1882年10月、清朝は李氏朝鮮と「清・朝鮮商民水陸貿易章程」を結び、ここで朝鮮は清朝の属国であるという宗属関係を明記しました。

同年には、政争から失脚した大院君がクーデターを起こし、日本公使館員、日本人軍事顧問ら約20人が殺害されるという事件が起こりました（壬午事変《じんごじへん》）が、このとき、清の実力者である袁世凱《えんせいがい》が率いる清軍が首都の漢城《かんじょう》（現在のソウル）を占領し、その後、大院君をとらえて天津《てんしん》に連れ帰っています。

この事件に対し、日本は朝鮮に謝罪と賠償を要求しました。一方、清朝は日朝間の交渉を仲介して、宗主国としての影響力を誇示しようとしました。

清の干渉を警戒しつつ、日本は朝鮮と交渉し、その結果、日本は漢城に守備隊を置くこ

とになりました。しかし、清も同時に、漢城に軍隊を留め、日本を牽制しようともくろみます。

このとき日本は、清との衝突など望んでいませんでした。むしろ日本は清とともに朝鮮半島を近代化しようと考えていました。

ただし、朝鮮の改革派、独立派は、なにかにつけ干渉してくる清朝への反発を強め、日本に接近してきました。

その結果起きたのが、1884年の「甲申《こうしん》政変」です。これは、朝鮮半島の遅れた現状に不満を持つ改革派・独立派が起こしたクーデターでした。

朝鮮の歴代王朝は、派閥争いを繰り返すのがお家芸みたいなものです。大院君にしても、息子・高宗の嫁である閔妃《ミンピ》と仲が悪く、権力争いを繰り返していました。先の壬午事変もそのために起きたのです。

このままでは朝鮮の近代化は不可能であると考えた金玉均《きんぎょくきん》、朴泳孝《ぼくえいこう》などの朝鮮人が立ち上がり、改革と清朝からの独立を主張

金玉均の遺髪の一部は密かに日本に持ち帰られ、浅草本願寺で葬儀が営まれた。墓は青山霊園に建てられている

し、国王の高宗を擁立《ようりつ》して、当時の朝鮮王朝をぎゅうじっていた閔妃一族の排除に立ち上がりました。これが甲申政変です。

この改革派の人物に対しては、日本の福沢諭吉《ふくざわゆきち》や後藤象二郎《ごとうしょうじろう》などが支援をしていました。また、クーデター時には、国王を守るために日本の警護兵が王宮に配備されました。

しかし、いざ決起すると、袁世凱率いる清軍がまたもや介入し、クーデターは3日で壊滅しました。クーデターに加担していた者たちは、ことごとく捕まり、残虐《ざんぎゃく》な方法で処刑されたのです。

また、リーダーの金玉均は亡命したものの、後に暗殺されて、その死体はバラバラに引き裂かれて朝鮮各地にばらまかれました。

清軍は王宮の日本軍や日本公使館も攻撃しました。この衝突により、日本が考えていた、清とともに朝鮮を近代化し、欧米列強に対抗しようという目論見《もくろみ》は暗礁《あんしょう》に乗り上げてしまいます。

改革の頓挫《とんざ》と、清朝や朝鮮の前近代的な残酷な処刑を知った福沢諭吉は、もはや両国の近代化は無理だと感じ、有名な「脱亜《だつあ》

清や朝鮮は改革に失敗した。もはや両国とは絶交すべきだ

福沢諭吉
（写真：近世名士写真）

論」を説いたのです。

当時、清朝で朝鮮外交を掌握していたのは袁世凱です。袁世凱は、朝鮮半島に対して、朝鮮の駐外公使の任命、派遣まで、清の皇帝の承認が必要だとし、先の「另約三論」を押し付けます。

これに嫌気がさした李氏朝鮮は、「引俄拒清《いんがきょせい》」(ロシアを引き入れて、清を拒否する)という政策に変わりました。それは朝鮮が清や日本と対等の独立国であることをロシアに承認させ、朝鮮半島に紛争が生じた場合、ロシアが朝鮮半島に軍事的保護を行うという政策です。

「引俄拒清」の画策《かくさく》は、袁世凱の知るところとなりました。袁世凱は、この問題を朝鮮国王に問責《もんせき》すると、国王はすぐ自分が関係していることを否定し、ロシア公使ウェーバーに送った国王印璽《いんじ》のある文書が偽書《ぎしょ》であり、奸臣《かんしん》(邪悪な心を持った家来)のしわざであると弁解しました。

そのため、袁世凱は上司であり、朝鮮に関する全権を持っていた北洋《ほくよう》大臣の李鴻章《りこうしょう》に進言して、それを画策した李氏朝鮮の外国人顧問メレンドルフを解任し、先の壬午事変のときに捕らえていた大院君を帰国させ、朝鮮国王を牽制《けんせい》しようとしました。袁世凱はさらに李鴻章に朝鮮国王の廃位を要請したりもしています。

　こうして、清朝は朝鮮への支配力を強化していったのです。

日本へのたび重なる威嚇《いかく》

　甲申政変で戦闘となった日本と清朝は、1885年、お互いに朝鮮半島からの撤兵と、もし将来に出兵するときには事前に通告することなどを取り決めた「天津条約」を締結し、朝鮮半島から両国は兵を引きました。

　しかし清は、その一方で、日本への威嚇《いかく》も次第に強めていきます。

　1886年、清朝海軍の主力である北洋艦隊のうちの6隻がウラジオストク訪問の帰途《きと》に日本へ立ち寄ります。その艦隊は、ドイツ製の30・5センチ砲が2基4門、バーベッド（銃座）は30・5センチ装甲で1万トン級の巨艦でした。これは当時としては世

鎮遠

定遠

界最大クラスのものです。

その艦隊の主力は「定遠《ていえん》」「鎮遠《ちんえん》」という戦艦でしたが、この名前には「遠い国を平定する（鎮圧する）」という意味が込められています。当時の清の好戦姿勢を示すものです。

ですから、このときの訪日も、表向きは親善のためでしたが、じつは日本に対して軍事力を誇示するためのデモンストレーションにほかなりませんでした。

そして、清の水師提督《すいしていとく》（海軍提督）・丁汝昌《ていじょしょう》は、日本政府主催の歓迎会に意気揚々《いきようよう》と出席し、傍若無人《ぼうじゃくぶじん》に振る舞ったといいます。

当時の日本は清からしたら国土の狭い弱小国でしかなく、日本の人口は清の1省分にも及ばず、軍隊の質も劣悪のため、とうてい清の攻撃には耐えられないだろうというのが、当時の東洋における常識でした。

清の軍部内でも、日本と戦えば2カ月で圧勝できる。北洋艦隊が東京湾に入れば、日本はすぐに降参して九州を属領とすること

北洋艦隊の提督だった**丁汝昌**は、日清戦争中に敗北の責任をとって自決した

ができる、などとの予想もあったほどです。当時の国際世論も、日清が戦えば当然勝つのは清だろうと考えていました。

清は「眠れる獅子《しし》」と表現され、ひとたび目を覚ませば、その力は強大だと思われていたのです。

清の艦隊はその後、軍港である広島県の呉《くれ》にも立ち寄りました。これも修理名目の強引な寄港でしたが、日本側はそれを断ることができませんでした。

そして、この後に寄港した長崎で、いわゆる「長崎事件」が起こります。長崎事件とは、上陸して酔いつぶれた清の水兵が、街中で乱暴を働くとともに警察署を襲撃して警官2人を殺し、市民と衝突して双方に多数の死傷者が出たという事件です。この事件を受けて当時、北京の李鴻章は日本との一戦も辞《じ》さないといった強硬な姿勢をとりました。

日本政府は、その圧力に屈して、3万7000円という、当時としては巨額な賠償金を支払わされ、日本側の責任者の処罰まで行いました。そのときの清朝は、それほど強い軍事力を誇っていたのです。

日本国内では、甲申政変に加えて、この事件によって、清に対する反感が非常に高まりました。

このように、現在の中国や一部の日本人学者が唱える「明治維新後の日本は海外侵略の野望をたぎらせていた」という主張は、あきらかにウソなのです。

日本はアジアの近代化によって、欧米の侵略を防ぎたいという考えがありました。清、朝鮮半島が列強に支配されてしまえば、そこを足がかりに、今度は日本が攻められる可能性が高まります。じっさい1884年にはフランスが清の属領であるベトナムの支配を狙って、清との戦争を起こし（清仏《しんふつ》戦争）、その結果、清は敗れています。

だから朝鮮半島で甲申政変が起こった際にも、多くの日本の文化人が応援していたのです。しかし、旧来の体制を守ろうとする清朝と清朝派の朝鮮人官僚は、日本に対する反感ばかりをつのらせて日本を威嚇し、日本の考えに賛同して開化をめざす朝鮮人（開化派）を弾圧していたというのが、19世紀末のアジア情勢でした。

日清戦争はなぜ起きたのか

ここまでで、日本と清が対立する原因となったのは、朝鮮半島をめぐる対応だということがわかります。そして日清戦争も、まさにそれが原因で起こります。

1894年、朝鮮半島で大規模な農民の内乱が起こります。これは「甲午《こうご》農民戦争」とも、「東学党《とうがくとう》の乱」とも呼ばれています。

この内乱は、朝鮮王朝や「両班」と呼ばれる貴族階級の腐敗《ふはい》、汚職《おしょく》などが原因で起こりました。李氏朝鮮は、政治腐敗が横行し、それは「三政紊乱《さんせいびんらん》」といわれ、財政は破綻《はたん》状態でした。当然、農民などは重税や搾取《さくしゅ》の対象でした。

18世紀の初頭に丁若鏞《ていじゃくよう》が記した『牧民心書《モンミンシムソ》』には、李朝時代の農民が官吏から受けた仕打ちについて書かれており、それは「切骨の痛み」「骨髄を剥《は》ぐ」というほど悲惨なもので、そうした農民の姿を「其状蝦蟇《そのさまがま》の水に浮かぶ如《ごと》し」（生きているか死んでいるかわからない状態）と表現しています。

1885～86年に朝鮮半島を踏破《とうは》したペ・エム・ジェロトケヴイチは、著書『朝鮮旅行記』に、

「どこまでいっても禿《は》げ山と赤土ばかりで、草もすべて燃料のために刈り取られる」

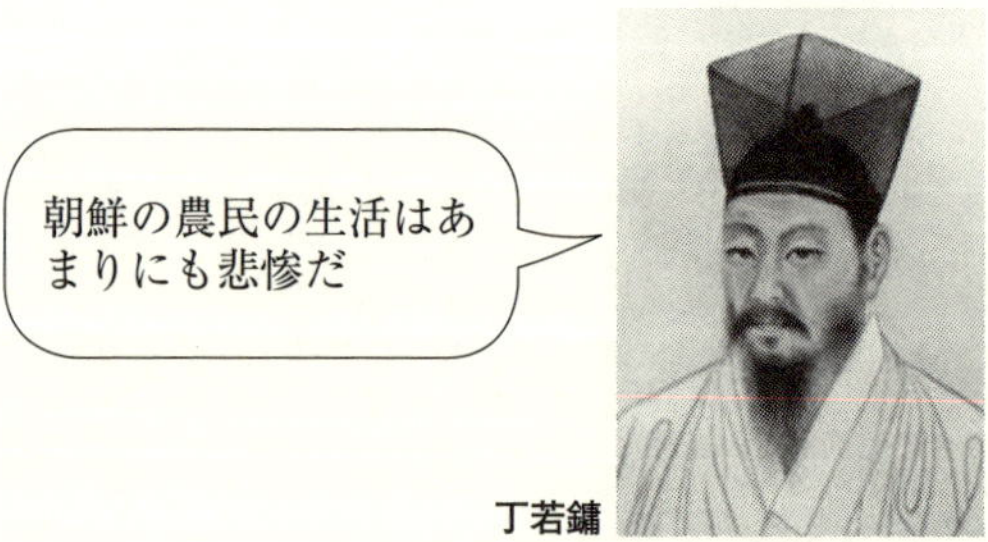

丁若鏞

「山地が痩《や》せていて、昨年もたくさんの餓死者が出た」
「ここは退屈極まりない土地で、山は禿げ山、植生はほとんど見られない」
「朝鮮人たちは土地がやせていると不満を訴えている。樹木は皆無で、燃料には藁《わら》と草が使われている」

などと記しています。当時の朝鮮半島の不毛と、農民の困窮《こんきゅう》ぶりがうかがえます。

こうした圧政に対して農民が反乱を起こしたわけです。この反乱は、朝鮮の政府軍を破り、またたくまに朝鮮半島の道都全州を占領しました。

これに対し、権力を握っていた閔《ミン》氏政権は、清朝に援軍を要請し、清は派兵します。しかし、清は天津条約で、出兵する際には互いに照会することを、日本と約束しています。ところが、このときは一方的な出兵でした。

そこで条約違反ということで、日本も出兵することになりました。

こうして農民の反乱は収束《しゅうそく》し、朝鮮は日本と清に対して撤兵するように申し入れます。日本は清に対して、朝鮮の独立と内政改革の援助を日清共同で行うという提案をします。しかし、清は日本だけの撤兵を主張します。

このとき、再び大院君によるクーデターが起こります。閔氏政権を倒し、改革派の金弘《きんこう》集《しゅう》という人物を中心とする政権を誕生させます（甲午《こうご》改革）。清に派兵依頼した閔氏政権とは逆に、金弘集は日本に清朝軍の掃討《そうとう》を依頼します。

これにより両軍が衝突、１８９４年８月１日に日清両国が宣戦布告し、日清戦争が勃発《ぼっぱつ》しました。

ちなみに、日清戦争の発端となった東学党の乱について、韓国の学者の中には、日本に対する抗日戦争だったと主張する人もいます。東学党の乱は「日本軍に敗退し、30万～40万人の犠牲を出して幕を下ろした」（宋建鎬、『日帝支配下の韓国現代史』風濤社）といった記述も見られますが、それらはまったくのウソです。

実際、日本側では農民反乱軍との交戦はほとんどありませんでした。しかも、日清戦争前の日本軍は、公使館護衛の２個小隊のみを置いていただけでした。

東学党の乱は、半島史上最大の農民反乱であったことは確かです。しかし、それは日本に対する反乱ではなく、李朝とその宗主国・清朝に対する蜂起《ほうき》でした。反乱は、日本軍が朝鮮半島に上陸する前に、すでに清軍によって平定されていたのです。

日清戦争の勝利は何をもたらしたか

朝鮮から清軍の駆逐《くちく》依頼を受けて、日清はそれぞれが宣戦布告を行い、開戦しました。明治天皇の宣戦布告の詔勅《しょうちょく》には、「日本は朝鮮を独立国に導いたが、清は朝鮮を属邦として終始その独立を妨害し、東洋の平和を乱している」という、開戦の理由が述べられています。

一方、清朝側の宣戦詔勅《しょうちょく》には「朝鮮は二〇〇余年来もわが藩屏《はんぺい》（属国）であるが、倭《わ》（日本）が朝鮮を欺《あざむ》き圧力をかけ、政治改革を強要することは、理のつかないことだった」とあります。そして、「迅速《じんそく》に進剿《しんそう》し、厚く雄師を集めて陸続進発し、以《もっ》て韓民を塗炭《とたん》から救え」と命じています。

これは、清朝の属国に侵入した匪賊《ひぞく》の倭寇《わこう》を討伐するといった戦争観です。先述したように、清朝の東アジアをめぐる戦争は、東アジアの主宰《しゅさい》者たる清朝による東西夷狄《いてき》への懲罰戦争だと考えていました。そのことは、清朝皇帝の詔勅を見れば明白です。

当時の日本と清の軍事力の格差は、福沢諭吉の『兵論』によれば、清全体の兵力は10

8万人だったのに対し、日本はたったの7万8000人でした。日清戦争における日本の総動員兵力は24万人、そのうち軍夫《ぐんぷ》（雑役をする人）が17万8000人、兵士6万人あまり。

ところが開戦してみれば、清軍は日本軍に圧倒され続け、海戦でも陸戦でも連戦連敗状態でした。北洋艦隊も降伏し、ついには日本の勝利となったのです。

日本側の犠牲者は1万3000人でしたが、そのうち9割以上が病死者で、戦死者はたった1500人だけだったのです。

ではなぜ超大国の清が小国の日本に負けたのでしょうか。

清は1885年に海軍衙門《がもん》（海軍省）を設立しましたが、400万両《テール》の海軍年間予算の大部分が、アヘン戦争で壊された頤和園《いわえん》を西太后《せいたいごう》の隠居後の居所とするための再建費用に流用されました（頤和園は現在ではユネスコの世界遺産に登録されています）。10年間で2000万両が横流しされたといいますから、約半分が流用された計算です。これが日清戦争の敗北の一つの原因とされています。

北洋艦隊が1888年に発足した当時、軍艦22隻、大小艦隊を合わせて総数50隻、約50万トンを擁していました。

日清戦争における日本軍の進路

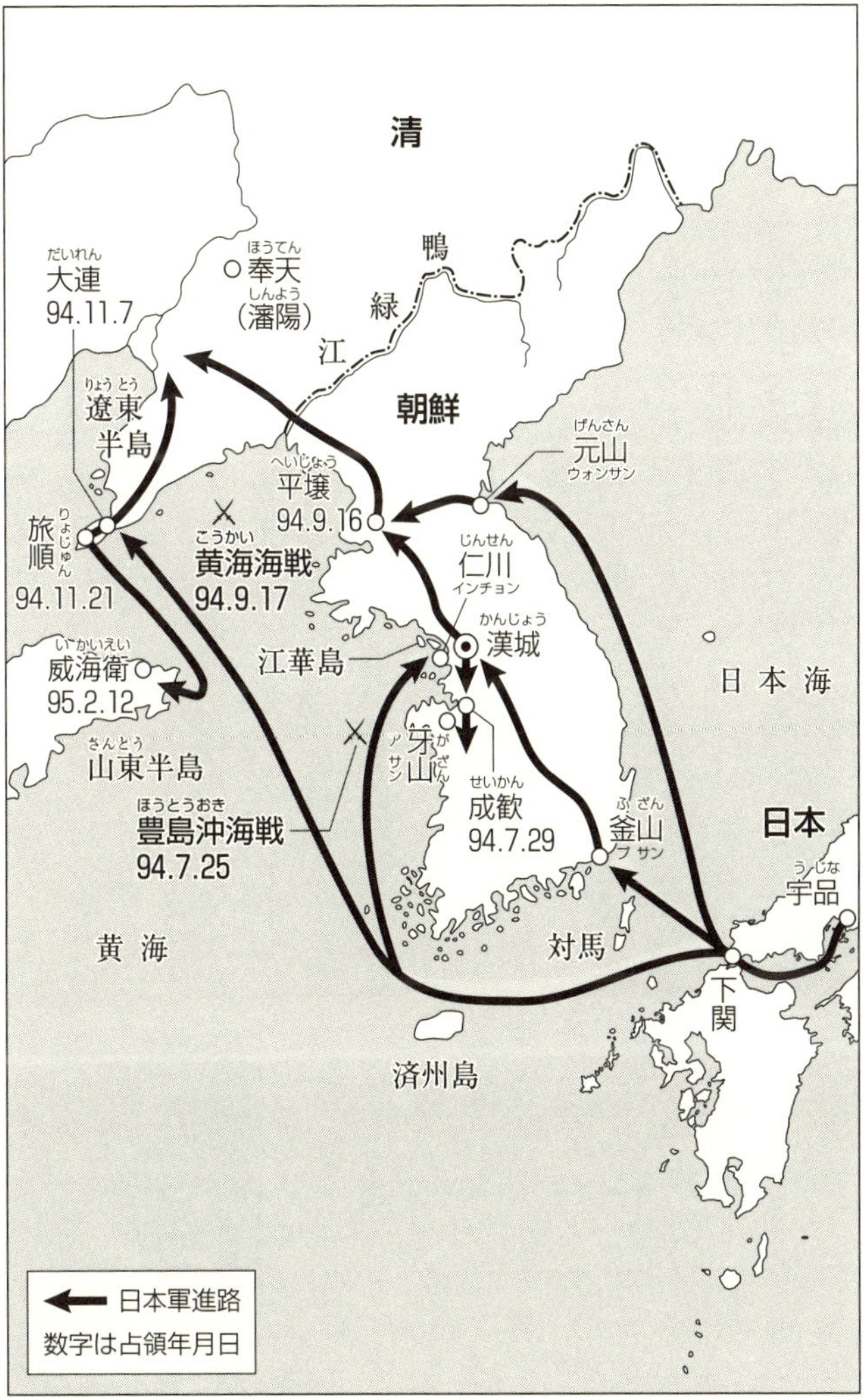

しかし、北洋艦隊は李鴻章が私財を投じた私的な艦隊でした。そもそも李鴻章の私兵が強大になったため、清朝がこれを清の軍隊として取り込んだのです。

しかも、当初北洋艦隊を指揮していた外国人乗務員を、維持費が高いということで、大量解雇しました。たとえば定遠、鎮遠、済遠《さいえん》の主力3艦艇の乗組員の賃金をみると、清の将校1人平均月額70両に対し、外国人140両と2倍、総教習ランクになると月給は銀775両で約10倍、砲手は銀300両で、清の砲手の8倍という高賃金でした。設立時に50人あまりいた外国人乗組員は日清戦争時には8人しか残っていませんでした。

指揮者がいなくなった北洋艦隊は、損害を最小限に抑えるために受動的な戦略しか取れず、砲弾も不足したため、とうとう戦意を失い、潰滅《かいめつ》してしまったわけです。

このように清の軍隊は李鴻章の私兵、傭兵《ようへい》であったため、組織的には少年から老人にいたる兵員はきわめて乱雑で、規律や訓練

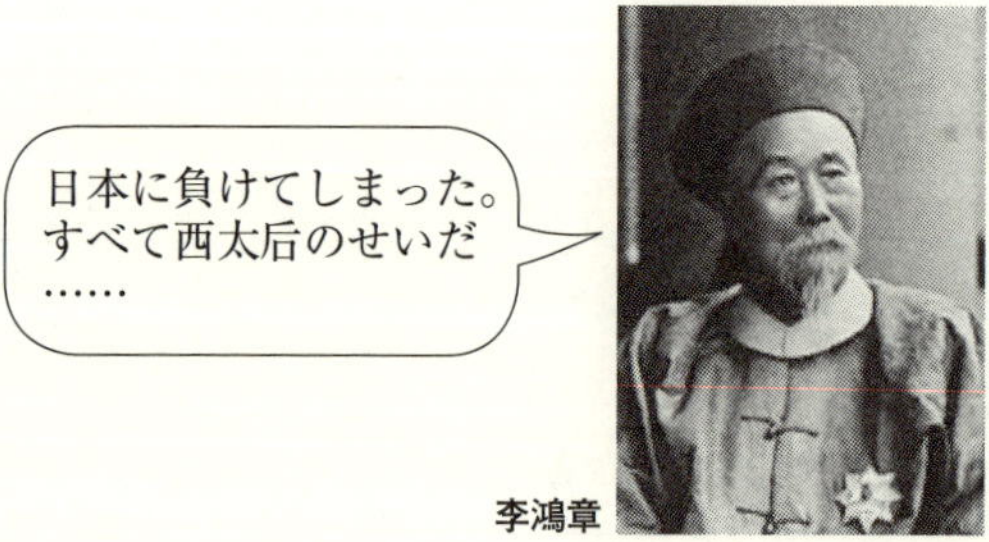
日本に負けてしまった。
すべて西太后のせいだ
……
李鴻章

も徹底されずに統率できていませんでした。

また清朝側では、日本のように後方の野戦病院の設置や軍夫の働きもほとんど期待できませんでした。清には全土からの兵員動員計画はなく、各地の政界実力者はむしろ傍観《ぼうかん》か、南洋艦隊のように中立宣言をする、あるいは李鴻章の敗北、失脚を願っていたほどです。

清の兵士は、この戦争に対して盗賊討伐くらいの意識しか持っていなかったのですが、日本政府は近代国民戦争として、国民一丸《いちがん》となって戦ったのです。

北洋艦隊に対抗するために、日本海軍は対清戦争を想定して編成、装備、技術、速力の面で増強し、巨砲大艦において劣るとはいえ、速力、新式の速射砲を装備した点で清の軍艦に勝《まさ》っていたのです。

日本兵が奮戦する一方、清の兵は簡単に敗走してしまいます。勝敗は最初から決まっていたようなものでした。

日清戦争は、近代における日本と中国の進路を決定づけ、それぞれの命運を分けた戦いでもありました。

戦争の結果、下関《しものせき》条約の締結によって朝鮮は清朝から正式に独立を承認されました（第一条）。台湾は日本に永久割譲され（第二条二項）、清朝は賠償金２億両を日本に支払うこととなりました。日本は、この賠償金を基礎に近代化を加速させたのです。

現在、中国は「日清戦争のどさくさで日本は尖閣《せんかく》諸島を奪った」と主張しています。それは現在の台湾が尖閣諸島の領有権を主張しているからで、要するに、「尖閣諸島は台湾のもの」→「台湾は中国のもの」→「だから尖閣諸島は中国のもの」という三段論法で尖閣諸島領有を主張しているのです。

しかし、日本は1895年1月14日に、どの国の支配下にもない無人島であることを確認して、日本の領土に編入することを決めたのです。下関条約の締結は同年4月17日ですし、そもそも台湾割譲とは関係がありません。

なお、下関条約で締結された遼東《りょうとう》半島の日本への割譲は、1895年のドイツ・フランス・ロシアによるいわゆる「三国干渉《さんごくかんしょう》」によって清へ返還せざるをえなくなりました。これがロシアに対する脅威《きょうい》と、日本人の復仇《ふっきゅう》意識を高め、10年後の日露戦争へとつながるのです。一方、清は、三国干渉の結果、日本とはまったく逆に混乱と亡国への淵《ふち》を転がり落ちていくことになります。

なお、小国である日本が大国の清に勝利したことは、アジア各国に大きな衝撃を与えました。

フィリピンではスペインやその後のアメリカ支配からの独立運動を誘発しました。その指導者となったのがエミリオ・アギナルド・イ・ファミイです。アギナルドらは、日本にあこがれ、日本の国旗や連隊旗を模した革命旗と徽章《きしょう》をつけて戦い、1899年にはフィリピン共和国を樹立し、初代フィリピン共和国大統領に就任しています。

このように、日清戦争は、新生国家・日本と、老大国・清との戦いでした。そして、現在の中国はこの清朝を継承したわけではありません。しかも、日清戦争から15年後、中国人は「異民族国家」であるこの清朝を倒します。

にもかかわらず、「日清戦争は日本の中国侵略」「日清戦争で日本は中国から領土を奪った」という主張自体が、おかしなものなのです。

敗戦後、「日本に学べ」ブームが到来した清朝

遣隋使《けんずいし》や遣唐使《けんとうし》の時代から多くの留学生や留学僧を受け入れていた隋・唐帝国ですが、外国への留学にはまったく無関心でした。中華帝国にとって外国はすべて夷狄、つまり野蛮人でしたから、夷に学ぶ「師夷《しい》」「師倭《しわ》」は、出世の妨《さまた》げにしかならなかったのです。

清朝末期には西洋の科学技術を学ぼうとする「洋務《ようむ》運動」が起こりましたが、それは精神文明としては自国のほうが優れていることを前提に西洋の技術を学ぶ「中体西用《ちゅうたいせいよう》」であり、清仏戦争と日清戦争の敗北で運動は失敗とみなされます。

そして、この日清戦争の敗北により起きたのが、空前の日本留学ブームでした。日清戦争の3年後に当たる1898年、日本の明治維新にならった改革運動が起こりましたが（戊戌《ぼじゅつ》維新）、あまりに急進的な改革が保守派からの反発を生み、「百日維新」ともいわれるように、それは短期間で終わっています。

それでも日本に対し、熱い視線が注がれ続けていました。湖広《ここう》総督だった張之洞《ちょうしどう》が書いた『勧学篇』は「洋行の1年は5年の読書に勝《まさ》る。海外の学校で1年間勉学すれば、国内の学校で3年勉学するに勝る」「留学するなら西洋でなく東洋だ」という内容で、1898年には100万部のベストセラーとなります。

1903年に張之洞が起草した「日本の中学、高校、実業学校、

張之洞

大学、帝国大学、大学院を卒業した優秀な学生は貢士《こうし》、挙人《きょじん》、進士《しんし》（それぞれ科挙《かきょ》の合格者）とみなす」とする「奨励留学卒業生章程《しょうてい》」が公布されたことも、ブームに拍車をかけました。日本への留学は科挙試験合格＝エリート官僚の仲間入りと同じ意味を持っていたのです。

また1905年、隋・唐の時代から1300年以上続いた科挙《かきょ》が廃止されました。アヘン戦争以来諸外国に敗北し続けてきたこと、また紀元前の古典を丸暗記するだけだった科挙が終わったことは、新しい学問の時代の幕開けを知識人たちに認識させました。同じ年の日露戦争で日本が勝利したことで、近代化モデルとしての日本が強く意識されたことも背景にあります。

1896年には13人だった留学生は、1905年には8000人を突破しました。多い年には2万〜3万人に達していたという統計もあります。

「科挙に代わって学堂（学校）が開かれたが、入学の門は狭い。そこで一身の栄誉《えいよ》、そして国運の挽回《ばんかい》を考えた無数の学生たちは、あたかも示し合わせたかのように『右へ倣《なら》え』をして東へ向かった。天津や上海の日本行きの船は満員で乗れず、2、3便目でやっと乗って東京へと詰めかけた。各学校の学期学年には一向にお構いなしで、入学を拒絶されようとも一刻を争って東京に乗り込むことに熱中した」

これは明治~昭和期の中国学者である青柳篤恒《あおやぎあつつね》の言葉ですが、当時の留学ブームの様子を物語っています。

こうした留学生には、科挙に合格したエリートたちだけでなく、まったくの無学者もいて、年齢や出身地も非常に幅広いものでした。彼らは日本の新文化に衝撃《しょうげき》を受け、日本に追い付き追い越せの気風がますます高まりました。

その後、清の国内で留学生資格が規制され、また日本人教員を招聘《しょうへい》する学堂が増えたことで、その数はやや減少しますが、1909年には約5000人の在日留学生がいました。

日本の学制を手本とした新式の学堂では日本の教科書を直訳したものが用いられ、天津初の私立学校では週13時間の日本語の授業がありました。日本人教員も数多く採用され、1906年には600人にのぼっています。

1898年には、校舎からカリキュラムまで日本の大学を意識した最高学府・京師《けいし》大学堂（現在の北京大学）が開設されています。その4年後に公布された「教育宗旨《しゅうし》」も、日本の「教育勅語《ちょくご》」とほとんど同じです。中国の近代教育は日本と日本人によって築かれたといっても過言《かごん》ではないでしょう。

モンテスキューの『法の精神』、ルソーの『社会契約論』、ダーウィンの『種の起源』など、多くの洋書も日本語版から翻訳されて中国に伝えられたのです。

中国に最初に紹介されたマルクス、エンゲルスの『共産党宣言』も、日本語訳から中国語に訳されたものでした。そのほか哲学や法学、倫理学などの書物533点が、1902年から3年の間に清へ輸出され、日本人の著書だけで321点を数えたといいます。

日本から清にわたったのは近代学問ばかりではありません。西洋音楽、社会主義や無政府主義の思想、はては中国の古典も日本からもたらされました。たび重なる戦乱や焚書《ふんしょ》・禁書によって中国から失われてしまっていた古典や経典《きようてん》が、日本で大量に保存されていたのです。それらは復刻・再版され、古典文化の保護に大きく寄与しました。

日本は中国の目覚めを熱烈に歓迎し、新たな提携関係の構築に期待しました。しかし中国人留学生たちは技術を短期的に学ぶことばかりを重視し、腰を据えた長期的な教育に関心を示しませんでした。手っ取り早く結果を出す成果主義の風潮が強く、根底としての理想や思想を築くことには関心が低かったのです。

1911年の辛亥《しんがい》革命で清朝は滅び、数千年続いた中華帝国も終わりを迎えます。動乱の中、留学生たちは祖国の改革や革命を志し、日本で学んだ思想や哲学を本国へ発信しました。「革命の父」といわれる孫文はその人生の3分の1において日本に亡命しており、魯迅《ろじん》や郭沫若《かくまつじゃく》など多くの文人も日本に留学した経験の持ち主なのです。

「尖閣は日清戦争のどさくさで日本が盗んだ」は本当か

今、尖閣諸島の領有権をめぐる騒動が日中両国間で多発しています。

台湾人を父に持つ政治家・蓮舫《れんほう》氏は、２０１０年に中国漁船が日本の海上保安庁の巡視船に衝突したという事件が起こったとき、「日中の領土問題」と発言しました（ちなみに日本政府の見解は「日中に領土問題は存在しない」というものですから、蓮舫氏の発言はこれに反しています）。

氏が大臣になった当時は「華僑閣僚《かきょう》」ともてはやした中国メディアですが、「固有領土釣魚島《ちょうぎょとう》（尖閣諸島）奪還回収」を支持しない氏を、今度は「漢奸《かんかん》（中国の裏切者、売国奴）」と攻撃しました。

日本の政治家を「中国の売国奴」扱いするのもおかしな話ですし、そもそも氏が「華僑《かきょう》」の自覚を持っているかもわかりませんが、一方的に持ち上げられたり罵倒《ばとう》されたり、じつに迷惑なことではなかったでしょうか。

「尖閣諸島は中国の固有の領土である」という中国の主張は矛盾と思い込みに満ちて

おり、まったく筋が通っていません。
以下、中国の根拠を列挙し、事実に反する点を整理してみましょう。

①「中国側の大陸棚が続いているところが中国の領土である」
この主張だと沖縄トラフまでも中国領ということになりますが、国際的には通常、両国の中間線で区分けします。

②「日本に編入されるまで、14世紀から尖閣諸島（釣魚島）は中国の領土だった」
その根拠が1403年の『順風相送《じゅんぷうそうそう》』、1534年の『使琉球録《しりゅうきゅうろく》』の記載ですが、ここに出てくる「島嶼《とうしょ》」が尖閣諸島を指し示しているのかどうか明らかではありません。尖閣諸島を指していたとしても、それは航路の標識以上のものではありません。古文書に地名が載っているだけでは、領有権の根拠にはならないのです。

「日本の実効支配は1895年からたった100年間だが、中国はすでに明の時代から600年間も実効支配している」という中国外務省の説はまったく論拠がないのです。

③「尖閣諸島は中国が先に発見、命名した」

かりに最初に見つけたのが中国人だとしても、領有の根拠とはいえません。近代国際法上、「文献の存在」「先に発見」＝領有、とはならないのです。

オランダやバチカンなど貿易相手国を「朝貢国」、アヘン戦争や清仏戦争を「英《えい》夷《い》・仏夷の反乱」と認識する自国中心史観が国際的に通用しないのと同じです。

④「尖閣諸島は台湾北部の大屯《だいとん》山脈から海面下に続く大陸棚に位置しているが、琉球諸島との間は2000メートルの海溝《かいこう》で隔《へだ》てられている。つまり尖閣諸島は台湾に所属している」

これを根拠とするなら、現在中国が領有権を主張している西沙《せいさ》諸島や南沙《なんさ》諸島などの島嶼は、みな南洋諸国の大陸棚ということになります。そうなると、2007年には西沙諸島の海域で軍事演習を行うなど、南シナ海でも示威行動を強めている中国はダブルスタンダードに直面せざるをえなくなります。

1970年まで中国の中等学校で使われていた地理の教科書でも、尖閣諸島は中国領土に含まれていません。「尖閣諸島は台湾の宜蘭《ぎらん》郡の所轄《しょかつ》だ」という中国や台湾の主張も事実無根です。台湾の最大紙である「自由時報」も、中国の見解には反対しており、尖閣諸島についてはさまざまな意見が出されています。

⑤「尖閣諸島を有する台湾は、中国の絶対不可分の固有領土である」

康熙帝の時代から212年間、台湾が清朝に支配されていたことは事実ですが、「古《いにしえ》より中国に属せず」という古文書の存在が明らかになっています。康熙帝の孫・乾隆帝の代に完成した官定『明史』でも、鶏籠《けいろう》国（台湾）は日本・琉球の項目の後、フィリピンの呂宋《ルソン》などと同じ「外国列伝」に記載されています。これが18世紀当時の中華帝国の認識だったと考えてよいでしょう。

その他の古文書の記載や毛沢東ら国家指導者の発言などにも、「台湾は中国領土ではない」という認識が見られることが、125項目にわたって指摘することができます。

⑥「台湾、澎湖《ほうこ》諸島、尖閣諸島は日清戦争後の下関条約で日本に割譲《かつじょう》されたが、カ

イロ宣言、ポツダム宣言、サンフランシスコ講和条約に基づいて中国に返還された」

サンフランシスコ条約で日本は台湾・澎湖に関する権利を放棄しただけであり、どの国に返還したかは明記されていません。日華・日中など2国間の条約でも同様です。尖閣諸島は沖縄とともに米施政権下に入ったのが事実です。

⑦「今まで中国は弱かったから、琉球や尖閣諸島が日本に強奪されても主張できなかった。今後は欧米日が勝手に決めた価値基準など認めない」

「中国が強くなったから、これからの世界は中国が決める」という声は年々大きくなっています。理屈も何もなく、自分の主張しか認めないのが、「中華思想」のホンネなのです。

「琉球は中国の固有領土」と主張する声や「沖縄住民の75パーセントが独立を望んでいる」という根も葉もない言説もすでに中国で乱れ飛んでいます。そのうち「日本全土が中国固有の領土」などと言い出すことも、決してないとは言い切れないでしょう。

第2章

中国の大混乱と巻き込まれる日本

三国干渉が変えた日本と中国の進路

第1章では、日本と清朝が戦争にいたった歴史の経緯を説明してきました。そして、日清戦争は日本の勝利に終わり、1895年に結ばれたのが「下関条約」です。両国の間では、次のようなことが約束されました。

①朝鮮の独立の承認（朝貢《ちょうこう》や属国としての典礼《てんれい》の廃止）
②遼東《りょうとう》半島と台湾の割譲《かつじょう》
③軍事賠償金2億両《テール》の支払い
④通商航海条約、陸路交通貿易条約の締結

清がアヘン戦争でイギリスに支払った賠償金は2000万両でしたから、2億両がどれだけの規模だったか想像がつきます。1892年の国庫歳入の約3倍の金を得た日本は、これを近代化につぎ込みました。

八幡《やはた》製鉄所をはじめとする鉄鋼業、鉄道や電信事業といったインフラ整備、銀本位制から金本位制への移行など、国際競争力の基礎が一気に整えられたのもこの時期です。

しかし一方、下関条約は思わぬ形で日本に屈辱《くつじょく》を味わわせることになります。条約締結の直後、ロシア・ドイツ・フランスの3国が「日本による遼東半島所有は清を脅かすだけでなく、朝鮮の独立をも有名無実にするものであり、東洋平和の障害になる」と、遼東半島を清に返すよう日本に要求したのです。3国と敵対するだけの力がない日本はこれを受け入れざるをえませんでした。これを「三国干渉」といいます。

清は日本との交渉を有利にするために、列強、とくにロシアに期待し、講和の内容を外部に漏らして干渉を誘発しようとしました。満州での権益拡大をめざしていたロシアは、遼東半島を得た日本の進出を恐れて、利害の一致するドイツやフランスを味方に引き込んで干渉を成功させたのです。

「夷《い》（敵）をもって夷を制す」という中華帝国の伝統的な外交戦術は、半島奪還という一点では成功したといえるでしょうが、清朝の誤算は、夷＝列強諸国が決して思い通りには動いてくれないことでした。

まずロシアは「日本が遼東半島を取り返しに来るのを防ぐ」という名目で露清《ろしん》密約を結

ばせ、満州を横断してウラジオストクにいたる東清《とうしん》鉄道の敷設《ふせつ》権を清朝に承諾させました。シベリア鉄道と連結した東清鉄道会社の所有地には、ロシアの排他的行政権まで認められました。日本と違って世界情勢にうとい清はロシアを信用しきっていました。

後に日本留学を奨励《しょうれい》する本を書いた張之洞《ちょうしどう》も、

「ロシアとイギリスが日本を脅して講和条約を破棄させたら、ロシアには新疆《しんきょう》を、イギリスにはチベットを与えたらいい」

「ロシアは西洋列強の中では公明正大だ。三国干渉で日本に影響を与えたことは、他の列強の中立政策より立派だった」

と発言しています。

「都合よく動いてくれたからほうびをやろう」という態度は、中華朝貢体制時代の考え方とまったく変わっていません。しかしロシアを含めた列強諸国にとって、中国は「中央の華」どころか、どこと戦争しても勝てない「眠れるブタ」であり、どう切り分けて食べるかだけが問題だったのです。

1897年、ドイツ人宣教師が山東《さんとう》省で殺害されたことを受け、ドイツは軍艦を派遣して山東省の膠州《こうしゅう》湾を占領します。ロシアも翌年には艦隊を遼東半島に派遣し、旅順《りょじゅん》と大《だい》

日清戦争後の列強の勢力分布図

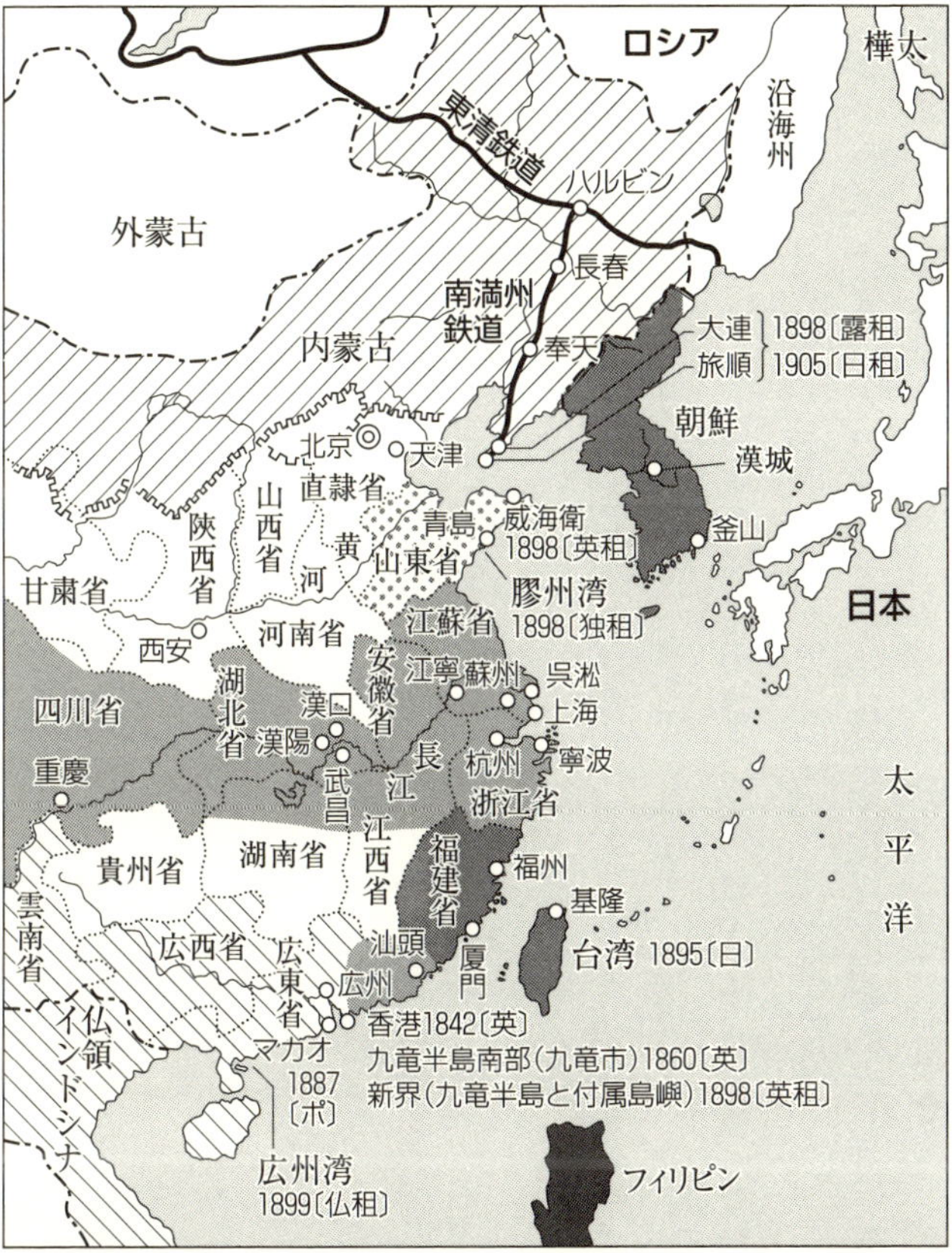

列国の勢力範囲

〔日〕日本	〔英〕イギリス	〔ポ〕ポルトガル
〔露〕ロシア	〔仏〕フランス	〔租〕租借地
〔独〕ドイツ	〔米〕アメリカ	

連《れん》湾を占領しました。そのままドイツは膠州湾の99か年にわたる租借権、山東省の鉄道敷設権・鉱山採掘権を手にします。ロシアも旅順と大連（後に半島全域に拡大）の租借権を獲得しました。下関条約のわずか2年後のことです。

これに対抗して、イギリスも九《きゅうりゅう》龍半島の99か年の租借権と威《い》海《かい》衛《えい》の租借権を得るともに、揚《よう》子《す》江《こう》（長江の下流部）沿岸の不割譲を清に約束させました。フランスも広《こう》州《しゅう》湾の99か年の租借権を獲得し、海《かい》南《なん》島《とう》と広《こう》西《せい》省・雲《うん》南《なん》省の不割譲を取り付けています。

日本も列強の中国進出が台湾の脅威になることを恐れて、台湾の対岸にある福建省の不割譲を承諾させました。さらに1899年には出遅れたアメリカも「門《もん》戸《こ》開《かい》放《ほう》通《つう》牒《ちょう》」を行い、自国の参入を訴えました。

賠償金の支払いに苦しむ清朝は、税、鉱山、鉄道などを担保に借《しゃっ》款《かん》するしかなく、財政を外国にコントロールされるようになっていきます。経済を乗っ取られ、国土を分割される憂き目にあっているというのに、皇帝をはじめとする実務官僚たちは目先の保身や私利私欲に走るばかりで、国難に立ち向かおうとはしませんでした。

この点、日本はまったく対照的でした。日本国民は三国干渉に猛烈に反発しましたが、時の明治天皇は「遼東還附の詔《みことのり》」を発布し、「深く時勢の大局を視《み》、微《び》を慎み漸《ざん》を戒《いまし》め、邦家の大計を誤ること勿《な》きを期せよ」と呼びかけました。

福沢諭吉の「ならぬ堪忍《かんにん》するが堪忍」、三宅雪嶺の「臥薪嘗胆《がしんしょうたん》（屈辱に耐えて時期を待つ）」といった発言もなされ、今はこの屈辱に耐えようと世論が一致しました。

天皇が軍艦建造のために内帑金《ないどきん》（君主が手元に所持するお金のこと）30万円を下賜《かし》すると、それにならう動きが広がり、官吏も俸給の1割を献納しました。

苦難のときに一致団結できる日本と、中華意識を捨てられず目先のことしか考えられない中国。日本の大国化と清朝の転落は当然の結果でした。

日露戦争で得た日本の権益

三国干渉以来、日本はロシアへの警戒心を強めていきました。満州を占領しているロシアは大韓帝国《だいかんていこく》（下関条約で独立が承認された李氏朝鮮は、1897年に国号を改めました）にも勢力を伸ばしつつあり、朝鮮半島が支配されれば日本の独立も危うくなってしまいます。ロシアにしても、太平洋に乗り出そうとする南下政策を進めるうえで日本は邪魔《じゃま》であり、いつかは戦わなければならない相手でした。

1900年、清で「義和団《ぎわだん》の乱」（北清《ほくしん》事変ともいいます）が起こります。これは、外国勢力による支配や、外国人によるキリスト教の布教に反発した民衆が、いっせいに蜂起した事件として知られますが、じっさいには、清の悪政により貧困や自然災害に苦しむ人たちが、「外国人のせい」にして、暴動を起こしたものでした。

義和団はまたたく間に膨張し、北京にまで迫ります。このときの義和団の勢力は20万人とも言われています。

義和団は外国公使館の区域を包囲します。北京に駐在する11カ国の公使は、清朝に対して義和団の鎮圧を要請しますが、清朝は何もしません。

はじめはこの暴動を取り締まっていた清朝ですが、西太后によって外国人を排斥するための「義挙」だとされ、清朝は万国に対して宣戦布告を発しました。

これに対し、日本、イギリス、フランス、ロシア、ドイツ、オ

義和団

西太后

ーストリア、イタリア、アメリカは、それぞれ軍隊を出兵します。

北京の各国公使館では、清軍と義和団の攻撃に対する籠城が続き、その一方で8カ国連合軍が北京へ救援に向かいます。

やがて、北京に駆けつけた8カ国連合軍は、清軍と義和団を掃討し、紫禁城を占領して、義和団の乱は収束しました。

ところが、事件は収束しましたが、ロシアはこの機会を利用して、満州に2万人の兵を送り込んで、そのまま居座《いすわ》ってしまいました。その撤兵問題をめぐって、日英をはじめとする列強と対立しました。

1904年に始まった日露戦争は、20世紀最初の本格的な近代戦でした。そこには日露の命運のみならず各国の思惑が複雑にからんでおり、その影響力は世界大戦にも匹敵するものだったのです。

日本とイギリスの間には1902年に日英同盟が成立しており、日本が負ければイギリスもアジアから後退し、ロシアと同盟国であるドイツ、フランスの影響力が強まると考えられていました。

戦場となったのは大韓帝国と満州でした。日本陸軍は旅順を占領し、奉天《ほうてん》会戦で勝利を手にしました。そこでロシアは劣勢をはね返そうとして、ヨーロッパに置いていたバルチック艦隊を日本に向けて派遣することにしました。東郷平八郎司令官が率いる日本の連合艦隊は、これを迎え撃って壊滅させ、日本海海戦で大勝利を収めました。

日本は戦局においては優勢でしたが、国家予算の8年分にあたる軍事費を使い切って、国力は限界に達しており、長期化は避けなければなりませんでした。そこで1905年、アメリカの仲介を得てロシアとの間に「ポーツマス条約《そしやくち》」を結び、終戦にいたったのです。

ポーツマス条約では満州における優越権や中国の租借地の譲渡などを得たものの、賠償金はまったく取れませんでした。国内世論はこれに猛反発しましたが、これ以上戦争を継続できない状況では致《いた》し方ありませんでした。

しかし、日露戦争の勝利がなければ清はロシア・ドイツ・イギリス・フランスによって分割されてしまっていたでしょう。少なくとも、今のように巨大な中華人民共和国はありえなかったはずです。さらに日露戦争は、金銭では買えないものを日本国内外にもたらしました。

その一つが、日本人の国民意識です。国の命運を賭《か》けた勝負に臨《のぞ》んで、日本人は一致団結しました。それまでは長州や薩摩《さつま》、会津《あいづ》といった江戸時代の地方意識を引きずっていま

日露戦争における日本軍の進路

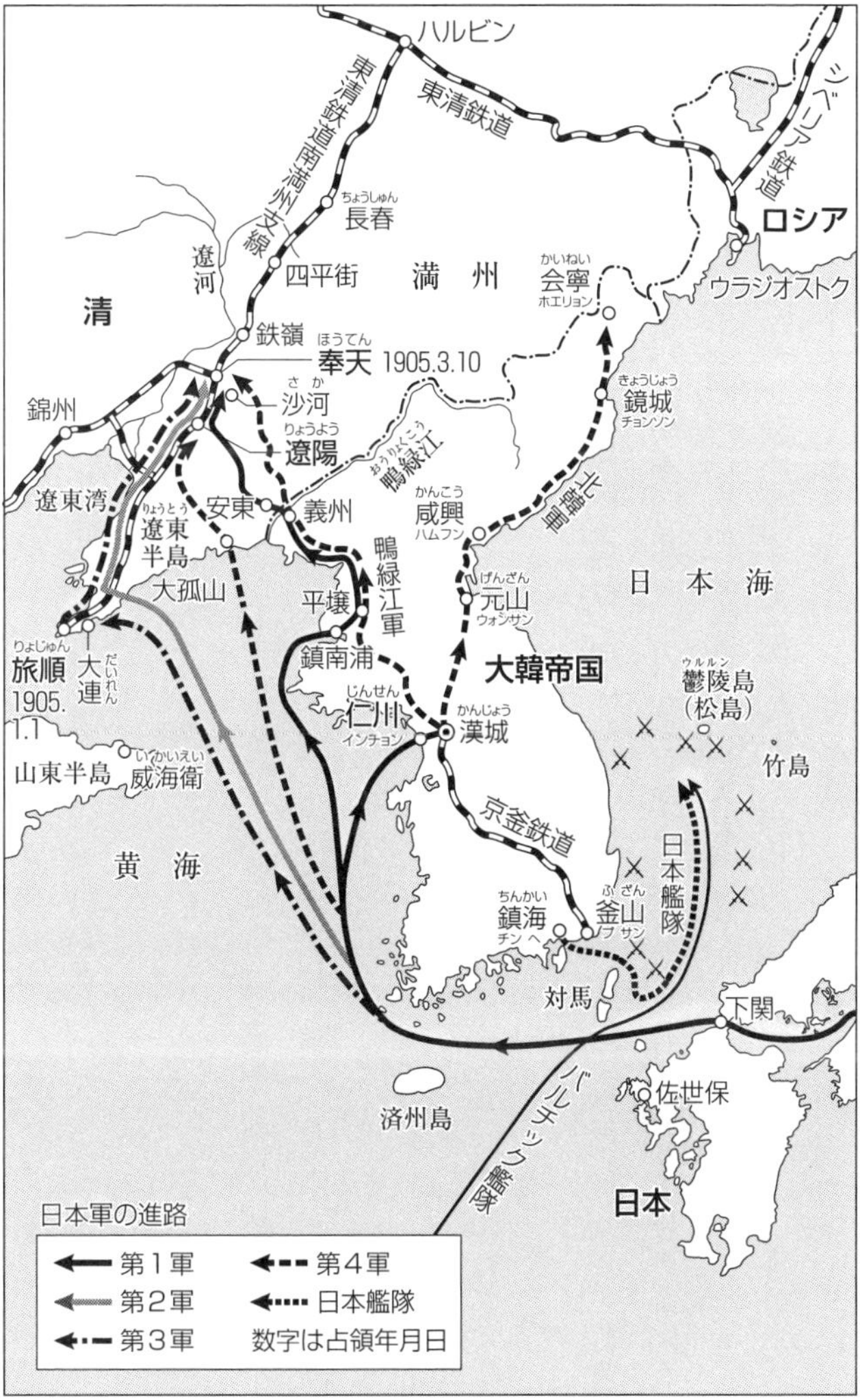

したが、「大日本帝国国民」としての自覚を強固《きょうこ》に持つようになったのです。日清、日露という戦争体験を経て、近代国家・国民としての意識は不動のものになったといっていいでしょう。

もう一つは、白人優位主義の転覆《てんぷく》でした。有色人種差別は今でも根強く残っていますが、日露戦争当時の差別意識は想像を絶するものでした。大航海時代と植民地時代の流れの中で、「人種的に劣ったアジア人やアフリカ人は西洋人に支配されて当たり前」という意識がまかり通っていたのです。

大英博物館には、人類はサルから始まり、次いで黒人、黄色人種、最後に白人に進化するという「人種進化図」が残っています。有色人種は進化途中の存在だと考えられていたことがわかります。

日露戦争で、黄色人種が白人種に勝利したことは、世界を動揺させました。欧米で黄色人種の脅威を訴える「黄禍論《こうか》」が強まる一方、アジア・アフリカでは「有色人種の小国が白人の大国に勝った」事実が植民地独立の機運《きうん》に弾《はず》みをつけたのです。

もちろん、中国も例外ではありません。欧米の白人至上主義に対抗するべく「同文・同種・同俗・同州で手を取り合うべき」とする連帯意識、アジア主義が打ち立てられました。

これは第二次世界大戦中の「大東亜共栄圏《だいとうあきょうえいけん》」構想に結びついていきます。

また絶対君主制の大帝国が敗れたという事実は、清帝国打倒の気風にも影響を及ぼしていきます。日本のアジア主義者は国境を超えて革命運動に協力し、1911年に中国で起こった「辛亥革命」への協力も惜しみませんでした。

辛亥革命を主導した孫文は日露戦争における日本の勝利を知り、感銘《かんめい》を受けます。頭山満《とうやまみつる》や内田良平《うちだりょうへい》といった日本人の協力で、広東《カントン》人の興中会《こうちゅうかい》、湖南《こなん》人の華興会《かこうかい》、浙江《せっこう》人の光復会《こうふくかい》という3派の革命組織をはじめとする数百人が集まり、孫文を総理とする「革命同盟会」が日本で結成されます。多くの留学生が入会し、日本人では宮崎滔天《とうてん》や北一輝《きたいっき》らの名が含まれています。

しかし、革命同盟会の一致団結は長続きしませんでした。広東語や湖南語、浙江語は漢語の中でもとくに難解であり、ただでさえ自己主張の強い志士たちの意思疎通《そつう》がうまくいかなかったこと

アジア主義者の巨頭・**頭山満**。孫文だけでなく、朝鮮の金玉均、インドのラス・ビハリ・ボース、ベトナムのファン・ボイ・チャウなどの独立運動家への支援を惜しまなかった

が一因とされています。国旗・党旗をどうするかという些細《ささい》な問題での対立もありましたが、内紛の最大の原因は孫文の革命資金の乱用など、金銭をめぐるトラブルでした。

その後、清政府の要請もあって孫文は国外追放されますが、日本の外務省から「旅費」として7000円が支給され、日本人支援者からも1万円が贈られました。

辛亥革命が始まったときも、末永節《すえながみさお》や寺西秀武《てらにしひでたけ》ら多くの日本人がかけつけ、戦いを主導しました。清政府を支援したのがドイツ軍だったことから「これでは日独戦争だ」という声が上がったほどです。

このように、辛亥革命から中華民国の建国（1912年）までの裏には、日本人の多大な支援がありました。

今日、中国の歴史教科書には「東京は革命伝播《でんぱ》の中心地であった」とされているだけで、革命にとって日本と日本人がどのような役割をはたしたか、まったく触れていません。しかし日本の協力がなければ、中華民国、そして中華人民共和国も存在しえなかったのです。

分裂と対立を繰り返す中華民国

アヘン戦争や日清戦争によって敗北を重ねた清朝は、洋務《ようむ》運動や戊戌維新《ぼじゅついしん》といった変革にも失敗し、もはや滅亡《めつぼう》は避《さ》けられませんでした。衰退《すいたい》の一途をたどる清朝は、北の陸からはロシア、西南の海からはドイツ、イギリス、フランスによって分割される運命がほぼ決まっていたのです。

アメリカや日本といった東の勢力の進出によって、ヨーロッパ列強による清朝分割に歯止めがかかりました。それでも多民族・多文化の帝国が解体した後、国の主《あるじ》たる天子を失った中国は、新たな「国のかたち」を求めて混迷の時代に入ります。

世界国家の解体により国民国家の国づくりをめざした「国民革命」といえるのが、清朝を打倒した「辛亥革命」です。その歴史的意義は確かに大きいものですが、事の発端や「革命の父」と讃《たた》えられている孫文の実像は、中国の伝えるものとはだいぶ異なり、ずいぶんとお粗末《そまつ》なものでした。

辛亥革命は1911年10月10日、武昌《ぶしょう》で起こった反乱（武昌起義《きぎ》）に始まります。その少し前、漢口《かんこう》のロシア租界《そかい》で非主流の革命系のメンバーが弾薬密造中に爆発事故を起こしてしまい、あわてて決起するにいたったというのが事の起こりでした。

　武昌で挙兵を計画していた志士たちが手入れを受け、せっぱつまって兵を挙げたところ、官憲はすぐ逃げ出してしまい、漢口、漢陽《かんよう》、武昌（この3都市を武漢三鎮《ぶかんさんちん》といいます）があっというまに革命軍の手に落ちてしまいます。革命同盟会の内紛によってアメリカで謹慎《きんしん》状態にあった孫文は、3日後に現地の新聞を読んではじめて革命を知ったのでした。

　このままでは主役の座を奪われると危惧《きぐ》し、資金集めと詐称《さしょう》して欧州を回りました。しかし、資金調達に失敗し、「革命精神だけを持って帰った」という声明で同志たちを唖然《あぜん》とさせています。もともと「孫大砲（孫のほら吹き）」と呼ばれるほどの口達者《くちたっしゃ》らしいエピソードといえるでしょう。

　もともと清の軍人で、革命軍の攻撃から逃げ遅れた黎元洪《れいげんこう》は革

清側の軍人だったが、逃げ遅れて、革命政府の都督に祭り上げられてしまった
黎元洪

命政府の都督《ととく》に祭り上げられ、各地の革命軍に「連邦政府」樹立を呼びかけました。清朝は軍閥の最高実力者だった袁世凱《えんせいがい》にすがり、事態の収拾を図《はか》ります。これに対抗するべく、革命政府は国際的知名度の高い孫文を担《かつ》ぎ出し、南京《ナンキン》に孫文を臨時大総統とする中華民国を成立させました。

ところが袁世凱は、清朝のために働くどころか、革命軍から臨時大総統の地位を約束されると寝返り、宣統帝《せんとう》に退位を迫ります。そして宣統帝の退位により、2012年、ついに清朝は滅亡し、袁世凱はその後、中華民国の正式な大総統に就任したのです。

なお、これ以降、袁世凱のいる北京を北京政府と呼び、孫文の南京政府と区別するようになります。

さて、この頃の孫文は、当初はアメリカの連邦制をモデルに各省の自主自治を主張したものの、長続きしませんでした。

民族主義、民権主義、民生主義の「三民主義」で有名な孫文ですが、じっさいは民衆を「愚民」扱いしていました。人間には先知先覚の先覚者と後知後覚の革命志士があり、愚民を統治し民主主義を達成するには、軍政、訓政、憲政の三段階が必要だと考えていたのです。孫文が恐れていたのは「議員専制（議会政治）」であり、めざしたのは「軍事専制」

でした。

　新政権の顧問フランク・グッドナウや有賀長雄《ありがながお》らが「共和制は民智の低い中国には不向きだ」と助言したこともあり、愚民国家には憲政は望ましくないとする「君憲救国論」が台頭《たいとう》してきました。南京《ナンキン》の中華民国臨時政府は3か月で北京政府に統合され、袁世凱が初代中華民国の大総統に選出されます。

　その結果、国会ではついに国体変更の議が採決され、中国は君主制に逆戻りすることになります。1916年、軍閥《ぐんばつ》の総帥《そうすい》だった袁世凱が、明治天皇やドイツのヴィルヘルム1世のような君主をめざして皇帝の座に就《つ》きました。フランス革命後に帝政が復活し、ナポレオン皇帝が誕生したのと同じ経緯です。

　しかし、各地で勃発《ぼっぱつ》する反帝運動に抗しきれず、翌年には退位。袁世凱がそのまま急死したことにより、中国は軍閥の内戦に突入していきます。北洋軍閥や西南軍閥による権力闘争、北京中央政府、孫文による広東軍政府も数次にわたって樹立され、混迷の度

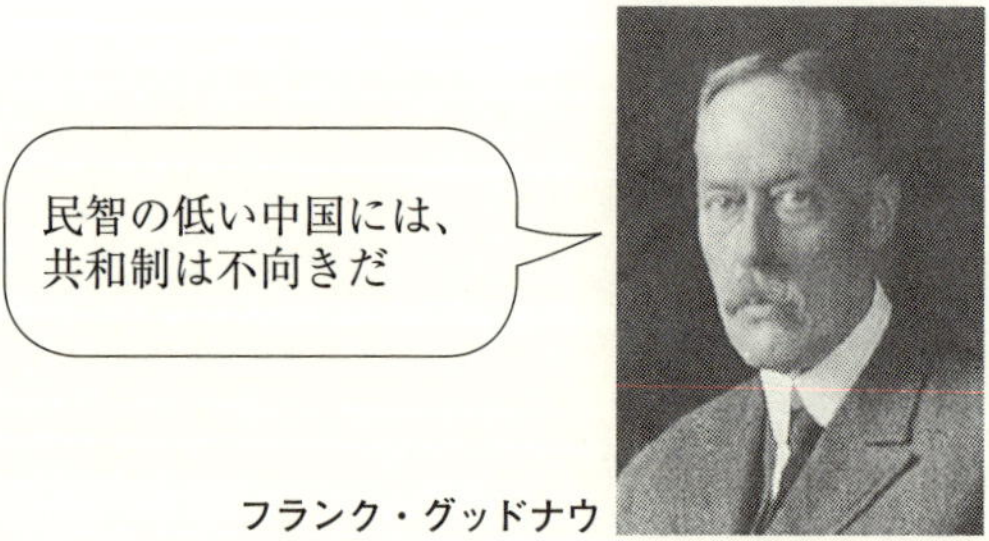

フランク・グッドナウ

合いがいっそう深まっていきました。

ところで、中国にはなぜ連邦制や共和制が根づかないのでしょう。理由はさまざまでしょうが、戦争そのものが伝統文化となっていることがあげられるでしょう。各地の文化摩擦《まさつ》や資源争奪が激しく、力以外の手段で社会的安定を保つのがむずかしいという背景があります。

しかも法治社会というより「人治《じんち》」社会であり、地縁や血統意識からくる派閥闘争が絶えません。こうした内紛《ないふん》は、軍事力や政治力を一点に集め、力で抑えるのがもっとも手っ取り早いということになります。現在の共産党一党独裁体制も、強固な中央集権体制でしか国が成り立たないという中国の特性といえるのではないでしょうか。

袁世凱

清朝の遺産をめぐる内戦が始まる

アヘン戦争や日清戦争など、たび重なる戦争で疲弊《ひへい》し、辛亥革命で打倒された清朝ですが、大きな遺産がありました。200年間の征服戦争で拡張された版図《はんと》、すなわち漢民族・周辺諸民族の広大な土地です。

満州人とモンゴル人が漢民族を踏みにじってつくった清代は、皮肉なことに中国人にとってもっとも幸せな時代でした。4代康熙《こうき》帝、5代雍正《ようせい》帝、6代乾隆《けんりゅう》帝の時代は人頭税《じんとうぜい》が一時減免され、人口もはじめて億を超えました。

では、正統な後継者に当たるのはどの民族か。血筋でいうなら満蒙民族ということになりますが、蒙古＝モンゴルは清朝の崩壊後、直ちに独立を宣言しています。満州人も清朝の最後の皇帝だった宣統《せんとう》帝（ラストエンペラー・溥儀《ふぎ》）を立てて復辟《ふくへき》（退位した君主が再び即位すること）を狙《ねら》いますが失敗。1931年の満州事変の後、満州国を樹立し溥儀が皇帝となりました。

清朝の崩壊と同時期、ロシア帝国、オスマン・トルコ帝国、オーストリア・ハンガリー帝国などの世界帝国が相次いで崩壊していますが、それと同時に被支配民族たちがそれぞれ、フィンランド、ポーランド、ギリシャ、バルカン諸国など、新国家を独立させています。それと同じ動きとみてよいでしょう。

清朝を打倒した中華民国政府は「滅満興漢《めつまんこうかん》」「駆逐韃虜《くちくだつりょ》」という漢民族復興を掲げていました。孫文たちがめざしたのは排他的な「大漢民族主義」であり、満州人の土地・満州を自国とは考えていなかったのです。

一方、清朝内部の維新派からは、満州人も漢人も同じ中華民族として融合すべきだとする「中華民族主義」が提起されました。論争が巻き起こりますが、最終的には中華民国は中華民族主義を受け入れざるをえませんでした。

その理由は列強の存在でした。日露戦争後ロシアは満州からは撤退しましたが、モンゴルや新疆《しんきょう》はいぜんその支配下にありました。またイギリスはチベットを支配しており、これら少数民族（非漢民族）の分離独立が列強の中国侵略に利用されることを恐れたのです。

こうして中華民国の革命派は「すべては中華の民」とする中華民族主義に鞍替《くらが》えします。旧王朝を打倒した新王朝がその遺産を受け継ぐ、という易姓革命の論理からすれば、中華民国が清朝の後継者ということになります。

しかし中華民族の名のもとに国内を統一することは不可能でした。軍閥、国民党、共産党という多政府が内戦を繰《く》り広げ、そこに列強が介入《かいにゅう》したからです。

諸勢力や諸民族の内戦に、列強の代理戦争が加わり、情勢はますます複雑になります。国内を統一して清朝の遺産を相続するどころか、四分五裂して収拾《しゅうしゅう》のつかないカオス(混沌《こんとん》)状態に陥《おちい》りました。

そもそも中国の歴史は漢民族だけの歴史ではなく、東亜諸民族共通の歴史です。現代の中国人は、モンゴル人王朝も満州人王朝も大中華民族の中央政権か一地方政権にすぎないと主張していますが、史実ではありません。

中華帝国の衰退期には内乱が多発し、そこへ外来民族が侵入して新秩序を打ち立てる。これが歴史上たびたび繰り返されてきました。宋《そう》の末期に現れたモンゴル人の元《げん》、明《みん》の後を襲った満州人の清も同様です。

中華民国の混沌の時代、秩序を再建すべくやってきたのが日本でした。国民党・共産党の共通の敵という悪役を背負わされた日本ですが、日本の存在がなければ、中国の内戦ははてしなく続いていたでしょう。事実、第二次世界大戦後に日本軍が撤退すると、国共内戦は再燃し、朝鮮半島やベトナムにも戦乱が広がりました。

現在の中華人民共和国は、相も変わらず中華民族主義を唱えています。国家や民族に関係なく、チベット人、ウイグル人、モンゴル人、台湾人をすべて中国人とみなすのも「清の属国はみな中国」であり、清の後継者たる中華帝国の姿だから、というのがその主張です。

それどころか日本人や朝鮮人、ベトナム人さえ中国人の子孫だとする説があります。祖先が同じといっても、日本人や韓国人を同胞《どうほう》と考えているわけではありません。日韓は中国人の後裔《こうえい》なのだから、父祖を敬うごとく中国人を敬え、というわけです。「夷《い》は華《か》に従《したが》うべし」という中華帝国の遺産が、ここにも残っているといえるでしょう。

一国多政府のバラバラ状態になる中国

1916年に袁世凱が死亡した後の中華民国内戦には、大まかに分けて3つの時期があります。「北京政府をめぐる北洋軍閥の内戦、および各地方軍閥、連省自治派と南伐《なんばつ》・北《ほく》伐《ばつ》などの統一派との内戦期」「国民党内戦期」「国共内戦期」です。

北洋軍閥とは、清朝末期に起きた太平天国の乱などで正規軍が機能しなくなったため、地方で民兵を組織したことから発展したものです。その主力は袁世凱が組織した「新軍《しんぐん》」という近代的軍隊です。もとは日本軍の指導も受けた清の地方軍で、辛亥革命では革命討伐の命を受けていました。しかし袁世凱の寝返りで、中華民国政府（北京政府）の中核となります。国軍が実力者の私軍になってしまうのは、中国の軍隊の宿命といえるでしょう。

袁世凱の死後に北洋軍閥は分裂し、北京政府の権力争奪戦が始まります。そこに参入したのが広東軍政府を率いる孫文でした。北京政府、そして孫文を支援する西南軍閥がそれぞれ南伐・北伐を繰り広げ、事態は泥沼《どろぬま》化《か》します。

最初に北京政府の実権を継承したのが、安徽派《あんきは》（安徽省・浙江省・福建《ふっけん》省などの勢力）に属する段祺瑞《だんきずい》でした。段祺瑞は袁世凱の配下でしたが、帝政に反対したために排斥《はいせき》されていたのです。親日派の段政権は1919年に山東省のドイツ権益を日本に移譲しましたが、これに反対する「五四《ごし》運動」が巻き起こり、反日の機運が高まります。

一方、孫文は1917年に第一次広東軍政府を樹立していました。北京政府を武力で統一すること（北伐）をめざしたものの主導権を奪われ、上海《シャンハイ》に身を引きます。

1920年、安徽派は米英の支援を受ける直隷派《ちょくれいは》（河北省）との争い（安直戦争）に敗れ、政権を奪取されます。しかし直隷派の政権も長続きしませんでした。直隷派を率いる曹錕《そうこん》・呉佩孚《ごはいふ》と協力関係にあった張《ちょう》作霖《さくりん》の奉天派（満州）との対立が始まったからです。

おりしも、孫文は第二次広東政府を発足させていました。直隷派は武力による統一（南伐）を唱えていましたが、張作霖は安徽派の段祺瑞、孫文派と反直隷の三角軍事同盟を結び、抗争はさらに激化します。

1922年には第一次奉直戦争（奉天派と直隷派の争い）が起こり、敗れた張作霖は奉天に戻って満州の独立を宣言しました。あくまで北伐にこだわる孫文は広東から追放されるものの、再び舞い戻って第三次広東政府を打ち立てます。

奉天派と安徽派、孫文の国民党は再び手を結んで直隷派と対立、1924年には第二次奉直戦争が起こります。今度は張作霖が勝利し、孫文はその翌年に死去しました。

そして1926年、孫文の後継者である蔣介石を中心とした北

馬賊の頭目から軍閥の総帥
とまでなった**張作霖**

伐が実現します。張作霖は28年に爆殺され、北洋軍閥はついに終焉《しゅうえん》を迎えました。この爆殺事件については、第3章で述べますが、首謀者は日本の関東軍、ソ連の情報機関、また後継者の張学良《ちょうがくりょう》など諸説ありますが、謎のままです。

この時代は北洋軍閥と南方革命政府の南北対立に加え、アメリカをモデルとした連省自治をめざす勢力が存在していました。「蔣介石《しょうかいせき》の北伐によって全国統一がなされるまで、北方軍閥と南方革命政府が二大勢力として対立を続けていた」

近代史ではこのように解釈されるのが一般的ですが、じっさいは第三勢力が存在していました。それが雲南《うんなん》、広東を含む華中の長江流域を中心に展開していた「連省自治《れんしょうじち》」(中華連邦政府)派です。

共産党初期の指導者である陳独秀《ちんどくしゅう》や李大釗《りたいしょう》、立憲派の梁啓超《りょうけいちょう》らがこの派に属していました。

北京や広東政府と連省自治派の間で、統一か地方自治かをめぐ

孫文の後継者として国民革命軍を率いて中国人民解放軍と戦った**蔣介石**

る争いが起こり、連省自治派は一時力を失いますが、日本軍の進出によって再び活発化し、満州国建国を含む独立の動きが盛んになっていきます（満州国建国については、第3章で述べます）。

ついで訪れたのが「国民党内戦の時代」です。国民党の前身は、孫文ら革命三派が東京で結成した革命同盟会でした。辛亥革命前にはすでに空中分解していましたが、後に孫文が中華革命党として再組織します。しかし南京政府、北京政府など一党多政府の抗争が激化し、指導者が孫文から蔣介石に移ってからも混乱は続きました。

たび重なる革命に失敗した孫文は強力な政党づくりの必要性を痛感し、ソ連のコミンテルン（共産主義政党の国際組織）下で結成されていた中国共産党との協力を打ち出しました。これが1924年の「第一次国共合作」です。

1927年には国民党と共産党で武漢《ぶかん》に国民政府を樹立しますが、勢力拡大を狙う共産党がたびたび暴動を起こしたことなどによって関係が悪化します。同年には蔣介石が上海クーデターで共産党員を弾圧して南京に国民政府を打ち立て、国共合作は終わりを告げます。共産党は国民党の攻撃を受けて敗走、延安《えんあん》に本拠を置くようになります。

その後に起こったのが、10年間続いた「国共内戦」です。この戦いは、労働者・貧民の共産党とブルジョワ・インテリの国民党という階級闘争の側面を持っていました。

この国共内戦により、中国共産党は壊滅寸前まで追い込まれました。中国共産党の兄貴分であるソ連からは、蔣介石率いる国民党と日本軍を戦わせて両者を共倒れさせろという指示が出ていました。

1936年末、中国共産党に最後の攻撃を加えようと西安《せいあん》を訪れていた蔣介石を、国民党に服属していた張学良《ちょうがくりょう》が拉致監禁《らちかんきん》するという事件が起こります（これを西安事件といいます）。

そこで張学良は蔣介石に対して、内戦の停止と、共産党と国民党による共同抗日を要求します。蔣介石はこれを飲み、「第二次国共合作」が成立しました。

このときの西安事件の詳細は現在もよくわかっていませんが、張学良にソ連や中国共産党の息がかかっていたと言われています。

その後、1937年7月7日には盧溝橋《ろこうきょう》事件が発生します。これについては後述しますが、中国北部の日本人居留民の護衛のために北京郊外に駐留していた日本軍に、銃弾が打ち込まれたことで、国民党軍との戦闘が起こった事件です。

これも後に、銃弾を放ったのは、日本軍と国民党軍を衝突させようとした中国共産党のしわざであったことが、明らかになっています。

そしてこの盧溝橋事件をきっかけとして、国民党と中国共産党の血で血を洗う階級闘争は一応の終止符が打たれ、本格的に日中戦争がはじまったのです（日中戦争については、第4章で改めて述べます）。

蔣介石政府は日本軍によって南京を追われ、重慶に移転します（この時に南京大虐殺が起こったとされていますが、後の章で述べるように、南京大虐殺はウソのでっちあげです）。

孫文の側近だった汪兆銘《おうちょうめい》は、当初蔣介石と協調していましたが、抗戦派の蔣と袂《たもと》を分《わ》かって、日本との「善隣友好・共同防共・経済提携」を提唱し、南京に国民政府を樹立します。

日中戦争の8年間の中で、じっさいに日中の衝突が焦点となったのは最初の1年あまりで、後は汪兆銘の南京政府（親日）・蔣介石の重慶政府（親米）・毛沢東の延安政府（親ソ）による「三つ巴《どもえ》の争い」がえんえんと続いていました。

合作の裏で共産党は国民党と縄張り争いを展開し、勢力を確実に伸ばしていきます。一方、南京政府は日本の敗戦で崩壊し、戦後は共産党と国民党の一騎打ちという形で、国共内戦がさらに継続しました。

中華民国は実質的に消滅し、1949年には国共内戦を制した共産党が中華人民共和国を建国します。一方、敗れた国民党は日本撤退後の台湾に退き、現在の中国国民党となりました。

このように辛亥革命以後の中国は、分裂と大抗争を絶えず繰り返してきたのです。

想像を絶する天下大乱

清朝の滅亡は、200年あまり続いた満州人政権の終焉《しゅうえん》だけでなく、一君万民制の2000年以上にわたる歴史に終止符が打たれたことを意味していました。その後の混迷は、日本の徳川幕府や大日本帝国解体の比ではありません。

河南省賑務会編による『十九年豫災記実』によると、1930年の蔣介石と反蔣介石派が戦った河南《かなん》大戦の結果は次のようなものでした。

・死者　12万人
・負傷者　1万9500人以上
・省外への逃亡者　118万5000人以上

・軍に拉致《らち》され、軍役を強いられた者　129万7700人以上

日露戦争における日本の死者数が約9万人であることを考えても、その規模がわかります。

国民党と共産党の最後の決戦となった1948～49年にかけての淮海戦役《わいかいせんえき》では双方600万人を動員したとされており、毛沢東も「国共内戦中に国民党軍の800万人を消滅させた」と誇らしげに報告しています。日本よりはるかに人口が多いとはいえ、一国の内戦とは思えない規模です。

こうした大乱は、中国史において珍しいことではありません。

古代、秦《しん》が全国統一する以前の春秋戦国《しゅんじゅうせんごく》時代も戦乱は絶えませんでしたが、春秋時代当時の状況は日本の戦国時代と似ていました。戦士の主体は日本の武士と同じような諸侯や宗族の私兵で、貴族は馬車に乗り、農村で集められた歩兵がしたがうという形でした。兵力は最大で2万人程度であり、戦国時代の上杉家や武田家と変わりません。合戦も1日から2日で終わるのが普通でした。

しかし、戦力の主体が戦車から歩兵に代わり、軍の主力も貴族の職業戦士ではなく徴募《ちょうぼ》された常備兵になります。文人の宰相《さいしょう》は戦線に立たず、武人の将軍が軍を指揮しました。

戦国時代になると、戦国七雄《しちゆう》と呼ばれる諸国は戦力を増大させ、楚《そ》の国は30万～100万の兵を有していたと推定されています。

兵力・兵器の大規模化にともなって戦闘は長期化し、一つの城攻めに1、2年もかかるようになりました。中華帝国の時代に入っても世が泰平《たいへい》になるどころか、収まったり、乱れたりをしきりに繰り返す「一治一乱」の時代に入ります。

秦の始皇帝が即位した紀元前221年から、中華民国で安直戦争が起こる1920年までの2140年間で、国家規模の内乱は160回、費やされた時間は896年に及ぶといいます（梁啓超、余天休《よてんきゅう》の統計による）。3年ごとに1年以上の戦争期間があったことになります。

戦乱が続くのは近代に入ってからも変わらず、1912年の中華民国建国から、満州国建国直後の1933年までの間だけでも、内戦は700回を超えています。

戦争の規模も、時代が下るにつれて拡大の一途をたどりました。日本における関ヶ原の合戦（1600年）では、東西両軍合わせて15万人の兵力が動員されています。これが「天下分け目」の大戦の規模だったわけですが、中国で208年に起こった赤壁《せきへき》の戦いでは、曹操《そうそう》軍だけで100万を数えたとされています。反乱軍だけでも50万～60万に上ることは珍しくありませんでした。

戦乱が通常化・長期化し、規模も大きくなれば、当然犠牲も増大します。唐末期の875年に起きた黄巣《こうそう》の乱では800万人の死者が出たとされますが、これは当時の人口の1割以上だ考えられます。

清代に起きた回乱《かいらん》（イスラム教徒弾圧）では2000万〜4000万人、太平天国の乱（キリスト教徒弾圧）では5000万〜8000万人という死者が出ています。人口の2割ですから、想像を絶するレベルの大殺戮《だいさつりく》といえます。

このような対立はどこからくるのでしょうか。まず根深い南北対立の歴史があげられるでしょう。

南は河川が多いので船を、北は平野が多いので馬を用いて生活をするという「南船北馬」に象徴されるように、中国には古くから、北の黄河《こうが》文明と南の長江文明の対立の歴史がありました。

「尊王攘夷」という言葉はもともと中国の春秋時代、周《しゅう》王朝から見て南方の楚《そ》や越《えつ》を「夷《い》」として敵視していたことを意味しています。中華民国における北洋軍閥と南方革命軍閥の対立、北伐と南伐の応酬も、根本にあったのは北と南の文明の衝突でした。

また、易姓革命の理論が続いていたことも背景にあるでしょう。王朝の消滅で易姓革命がなくなるどころか、新たな皇帝になろうとする勢力が乱立したのです。

辛亥革命自体が新たな王朝樹立を意味しており、中華民国に敵対する勢力も、みな自分が次の皇帝になろうという野心を持っていました。大総統《だいそうとう》、大元帥《だいげんすい》、主席《しゅせき》と名称は違っても、狙うものは同じ、全人民の代表の座です。

他の政権の存在など、絶対に認められません。そして唯一最高の座を手に入れるには、武力以外に道はないのです。

こうして、最悪の戦国時代ともいえる内戦の時代がえんえんと続いたのです。

自力で内戦を終結できない中国の宿命

天下大乱で世が乱れたとき、外来勢力が侵入して秩序を再建する、というサイクルが中国は繰り返されてきました。そして中国人は侵略者と敵対するどころか、大歓迎したのです。侵略者は「真命天子《しんめいてんし》」に祭り上げられ、旧勢力の忠臣は「謀反人《むほんにん》」として排除されるのが通例でした。

モンゴルの元が中華に侵攻してきたときはまさしく「破竹《はちく》の勢い」でしたが、それはモンゴル軍が強かったことだけが理由ではありません。混乱のさなかにあった宋の民がまったくと言っていいほど抵抗せず、もろ手を挙げてモンゴル軍を歓迎したからでした。

明の末期、満蒙八旗軍が各地に入城すると、民衆はこれを解放軍として熱烈に迎え入れました。第5代雍正帝は「少数の満州人が巨大な天下を支配できたのは『天意』による」と言明しています。明の民の意思で君主として認められたのですから、天意にかなったということもできるでしょう。

日本も例外ではありません。日本軍が中国に進撃したときも、やはり民衆から歓迎を受けています。

清末期に起こった「義和団《ぎわだん》の乱」について、中国の教科書では「外国の侵略軍に勇敢《ゆうかん》に立ち向かった中国人民の反帝国主義戦争」と説明されています。

少数の満州人が巨大な天下を支配できたのは「天意」だ
雍正帝

しかし当時、日本公使館の一等書記官だった石井菊次郎は次のように述べています。

「私は、男、女、子供を含めて全部で1000人ばかりの外国人の一人であったが、当時中国で猛威を振るっていた排外主義のいけにえとして、まさに虐殺されようとしていた。この武装した狂信者の集団は義和団（拳匪《けんぴ》）の名で知られていた。彼らの目的は中国にいるすべての欧米人（彼らは日本人もそのなかに入ると見なしていた）の根絶だった」

「包囲攻撃がはじまってから10週目に、多国籍軍（その9割は日本軍であった）が外壁を急襲して突破し、公使館地区に突入してわれわれを死の淵《ふち》から救い出したのである。われわれの一部が生き延びて救援軍を迎えることができたのは、奇跡以外のなにものでもなかった」

これを見る限り、義和団の乱は外国人への一方的な虐殺以外の何物でもありません。

義和団は「義和拳の拳法を修得すれば刀剣も銃弾もはね返せる」などというカルト集団の秘密結社でしたが、キリスト教や外国人を目の敵《かたき》にして襲撃を繰り返しました。西太后《せいたいごう》は海外勢力を追い出すために義和団を後押しし、その勢力はみるみる拡大します。

後に義和団は欧米日連合軍によって鎮圧されますが、北京に籠城《ろうじよう》していた外国人救出の主力となったのは日本軍でした。

圧政と天災に踏みにじられている中国の民衆は、何かきっかけを与えられると日頃の不満を爆発させ、暴徒化することがたびたびありました。その名残《なごり》が現在の反日デモでも見られます。そうなると官憲などにしたがわなくなり、暴行と略奪《りゃくだつ》はとめどなく広がります。無法地帯となった中国に秩序を取り戻すためには、外国の力を借りざるをえないのでした。

日本が中国に進出したのは、単に権益防衛のためではありません。日本の安全が列強に脅かされていたせいもありましたが、西欧に対抗できる、東亜諸民族の共存共栄・共同防衛体制の構築という大きな目的があったのです。

明治維新以来、日本は「支那《しな》の覚醒《かくせい》」を呼びかけ続けていました。日本の優れた知識や技術が、朝鮮や台湾の近代化に大きく寄与したことは言うまでもありません。日本政府も民間も清朝に近代化を呼びかけ、あるいは革命を支援してきたのです。

中華民国成立後、内戦のさなかで段祺瑞を支援し、南京政府に共同で共産党勢力を防ぐことを呼びかけたのも、強いリーダーシップのある政府を求めての行動でした。そして日本の支援で満州国が建国されると、年間100万人以上の中国人が競って逃げ込んできました。日本人の勢力範囲には秩序と安定が約束されていたのです。

1900年の義和団の乱後、北京市民は競って家族を連れ、日本軍の占領区へぞくぞくとかけ込んだのです。日本軍がつくった新秩序の地域は、いつも中国民衆のかけ込み寺となっています。

これが他の列強諸国であれば、決して「覚醒」などを求めないでしょう。白人社会が植民地アジアを「同胞《どうほう》」と考えるわけはありません。上海の外国人租界《そかい》の入口に「犬と支那人は立ち入るべからず」という看板が立てられていたことは有名です。

上海社会科学院アジア太平洋研究所の王少普教授は、「これまでの東アジア史では、『華夷秩序』『大東亜共栄圏』『冷戦秩序』という3つの国際秩序が存在してきた」と論じています。

日本が東アジアの盟主になるという「大東亜共栄圏」の構想は、日本の帝国主義・軍国主義のシンボル的存在とみなされてきましたが、新秩序の構築として肯定的に考えることもできる、というわけです。

他国の介入＝侵略、暴力による一方的支配という一面的な見方では、歴史の実像を正確にとらえることはできません。

人口が多く、災害の規模も大きい中国では、内乱の規模もけたはずれに巨大となり、自力での収拾《しゅうしゅう》はとうてい望めません。他民族の介入によって平和を獲得せざるをえなかった内戦状態の中華民国にとって、日本の登場は救世主にも等しかったはずです。

自然と社会の崩壊から内乱に発展する中華の法則

何度も王朝の興亡を繰り返してきた中国ですが、王朝の末期には、常に同じような現象が起こっています。それは自然破壊と社会崩壊の連鎖《れんさ》です。

社会秩序のゆるみから資源の争奪戦が起こり、伐採《ばっさい》や乱開発が旱魃《かんばつ》や水害を引き起こします。それによって疫病や飢饉《ききん》が拡大し、さらに社会が崩壊していくのです。

そんな中で、宗教的（カルト的）色彩の強い農民の蜂起が起こるのも特徴的です。新朝《しん》末期における「赤眉《せきび》の乱」、後漢《ごかん》末期の「黄巾《こうきん》の乱」、清における「白蓮教《びゃくれんきょう》の乱」や「太平天国の乱」などが知られています。乱によって大量の流民が発生し、匪賊《ひぞく》（盗賊の集団）が横行し、そして地方勢力が覇《は》を競い合う戦乱の時代に入っていきます。

混迷の中、万里の長城を越えて入ってきた異民族が漢民族を制圧して秩序を再建する、という流れがたびたび繰り返されてきました。宋（華）、元（夷）、明（華）、清（夷）という華夷の交替の歴史がそれを物語っています。

もちろん、飢饉や疫病《えきびょう》、地方の戦乱といった歴史は日本にもありますが、中国ではなぜここまでの大乱にいたるのでしょうか。その原因は人口の過剰にあります。

中国の人口について、戦国時代は「戦国の七雄《しちゆう》」の国と他の群小国を合わせて３０００万人と推定されています。日本の江戸時代は２０００万~３０００万人という推計があるので、すでにそれと同じ規模の人口を有していたことになります。

比較的信憑性《しんぴょうせい》が高い最古の記録は『漢書《かんじょ》』で、西暦2年に「戸数は１２２３万３０６３、人数５９５９万４９７８」とあります。しかし56年には２１００万７８２０人、つまり３分の１に激減しています。

この54年間には蝗害《こうがい》（イナゴの大量発生）９回、旱魃《かんばつ》8回、水害7回など、36回も深刻な天災に見舞われています。22年には大飢饉が起こり、26年までの間には人間の共食《ともぐ》いまで発生しました。農民の反乱が頻発《ひんぱつ》し、政府軍と区別するため眉を赤く染めた「赤眉の乱」が起こったのもこの時期でした。

後漢の１０５年には戸数９２３万７０００あまり、人口５３２５万あまりにまで回復しますが、１００年後の三国時代になると戸数１４７万あまり、人口７６７万と急激に減少します。その原因は戦乱でした。

以下、信憑性《しんぴょう》の高い記録から、人口のおよその推移を箇条書きにしてみます。

・西晋《せいしん》の武帝《ぶてい》の時代（200年代後半）戸数245万、人口1600万
・南北朝時代（400年代～500年代後半）
　最盛期は人口4800万、末期は1100万
・隋《ずい》の煬帝《ようだい》の時代（600年代初頭）戸数890万、人口4600万
・唐《とう》の太宗《たいそう》の時代（600年代前半）戸数300万
・唐の玄宗《げんそう》の時代（700年代初頭）戸数960万、人口5290万
・唐の大乱時代（700年代後半）戸数190万
・宋の光宗《こうそう》の時代（1100年代末期）戸数1924万、人口7329万
　※華北の金王朝の地域を含む
・明の太祖《たいそ》の時代（1300年代後半）戸数41万、人口6659万
・清の順治《じゅんち》帝の時代（1661年）人口2460万
・清の乾隆《けんりゅう》帝の時代（1749年）人口1億7749万
・清の乾隆帝の時代（1783年）人口2億8400万

・清の咸豊《かんぽう》帝の時代（1851年）　人口4億32万人

こうして見ると、人口がゆるやかに増えるのではなく、激増と激減を繰り返していることがわかります。人口の過剰で環境や社会が悪化し、戦乱や飢饉で大量の死者が出る、というサイクルが起こっているのです。

社会が比較的安定していた清代、人口は億単位に達しました。急増する人口を吸収してきた領土拡張も限界を迎えたため、食糧不足と資源の消費が加速し、自然災害が起こる悪循環となります。

鄧雲特《とううんとく》（拓）の『中国救荒史』によれば、漢帝国成立後の紀元前206年から1936年までの2141年間で、5150回の天災が起こっています。平均して4か月に1回です。そのうち旱魃は1035回、水害は1037回で、それぞれ2年に1回という計算になります。

天災の回数も、近代になって減るどころか増加する傾向にあります。たとえば1世紀は69回だったのが、2世紀に171回、11世紀に263回、14世紀に391回、17世紀に507回、という具合です。

こういった天災は大量の流民や餓死者を生み出します。20世紀に入っても、1927年の華中水害、28年の西北大旱魃、32年の旱魃など、8年間で人口の4分の3が被災し、ほとんどは流民となりました。兵士や匪賊になった者もいます。

また1930年から3年続いた全国大飢饉では1000万人、43年の河南大飢饉では河南省の人口の1割に当たる300万人が餓死したと伝えられています。災害の規模自体が、日本とはまったく異なるのです。

戦争立国と平和立国との文化の違い

天災と戦乱の絶えなかった中国と比べ、日本はどうだったでしょうか。

天災といえば、江戸時代にも享保《きょうほう》・天明《てんめい》・天保《てんぽう》の三大飢饉をはじめ、危機に見舞われたことは何度もありました。しかし一揆や打ちこわしは起こっても、それが社会を根底から揺るがす大乱にいたったことはありません。

260年という長きにわたった徳川政権が崩壊したときも、江戸城は無血開城し、維新の動乱はごく短期間で収束しました。中国であれば確実に略奪や虐殺がはびこったことでしょう。これは戦争の伝統文化とでもいうべきものです。中国では略奪を禁じる将軍がいれば、賞賛されるどころか部下に逆襲されることになります。

外国との戦争も、飛鳥《あすか》時代に唐・新羅《しらぎ》と戦った白村江《はくすきのえ》の戦い、鎌倉時代の元寇《げんこう》、豊臣秀吉の朝鮮出兵などがあげられる程度です。もちろん島国という条件もありますが、これだけ長期間安定した社会が築けたのは、世界史で見ても奇跡的です。戦後の平和憲法が生まれる前から、日本はすでに平和国家だったのです。

今でも日中戦争を引き合いに出して、日本軍の残虐さを非難する人は少なくありません。日中戦争を満州事変から数えて15年戦争ということもありますが、これはまったくの捏造《ねつぞう》です。しかも、満州事変はあくまで「事変」であり、1937年に盧溝橋事件から始まる日中戦争との間に連続性はありません。

満州事変は、1931年に柳条湖《りゅうじょうこ》で起こった満州鉄道の爆破事件に始まります。張学良（張作霖の子）が率いる大本営45万人は関東軍の砲声を聞いてパニックになり、一戦も交えず敗走します。その後で各地の実力者が独立を宣言し、満州国の誕生にいたったのです。

南京大虐殺も「人間を生きたまま切り裂き、生き埋めにし、生皮をはぎ、肉を食らい……」などとまことしやかに語られていますが、これは中国人兵士の残虐行為をモデルにした創作です。

城を中心に都市を形成する日本の城下町と違い、中国では城自体が都市（城市）であり、支配者から庶民まで城壁に囲まれて生活していました。ことに都は三重の城壁で囲むことが多かったのです。そして、いったん城攻めにあえば、逃げ場のない城壁の中で大虐殺が始まります。

「屠城《とじょう》」と呼ばれる皆殺しも珍しいことではありません。古代から大都市だった南京城では、文字通り「南京大虐殺」がたびたび起こっています。城が落ちれば戦《いくさ》は終わり、という日本とは戦争の「かたち」そのものが違うのです。

そんな中国と日本の間で今、「日中再戦」がささやかれています。これは絵空事《えそらごと》とは言い切れません。尖閣諸島をめぐって、両国間の緊張は高まりつつあります。

ネットや各種メディアは、

「日本軍国主義は尖閣諸島を海上勢力発展、台湾再侵略の拠点にしようとしている。中国人は最後の血の一滴を流し尽くすまで、絶対不可分の一部を死守する」

「日本を中国の属国（倭族自治区・東海省）にしてやる」

と主張し、「中日戦力の比較分析」をさかんに行っています。

中国人民解放軍も、

「中央軍事委員会の命令が出れば、尖閣問題も一気に解決できる」

「日中開戦は琉球《りゅうきゅう》復帰の好機」

と気炎《きえん》を上げています。

アメリカでも、日中衝突のきっかけとして、海洋資源・尖閣諸島・中台問題・米中衝突の4つの可能性を取り上げています。国際評価戦略センターのリチャード・フィッシャー氏は2005年に、「海軍力で中国が日本よりも優位に立った場合、日中の軍事衝突の可能性が高まる」と指摘しました。

じっさいのところ、中国の海軍力は自衛隊を上回るものではなく、日本海域に中国軍艦が出没しているのも示威行為にすぎないと見られます。しかし戦争が現実になるか否《いな》かによらず、日本人が危機感を持つのはきわめて正しいことです。

日本人は平和と繁栄に慣れすぎていますが、もともと平和や安定は危ういものであり、いつ破綻《はたん》するかわからないのは世界史を見ても明らかです。

「内憂外患《ないゆうがいかん》のない国は滅ぶ」という考え方もあります。少なくとも、日本流の文化や常識がまったく通用しない国がすぐ間近にあり、「外患」の種がいたるところに潜んでいることは意識しておくべきでしょう。

二十一か条要求と中国人の対日感情

第1章でも触れたとおり、中華民国以前の中国人の対日感情は決して悪いものではありませんでした。それが決定的に悪化したのは、第一次世界大戦中の1915年、大隈《おおくま》内閣が袁世凱大総統に提出した「二十一か条要求」（日華条約）です。日本の中国侵略のシンボル的に扱われることが多いですが、じっさいはどうだったのでしょうか。

改めてその内容を紹介してみましょう。

第一号：山東省のドイツ権利の処分の事前承諾を求める四か条

第二号：旅順、大連と南満洲、安奉鉄道の租借期限の99年延長、および南満州、東蒙古での日本人の産業経営権、居住の自由、鉱山の開掘権や鉄道建設、政治、財政、軍事における顧問起用の優先権を日本人に与えることなどを求める七か条

第三号：漢冶萍《かんやひょう》公司《コンス》の日中合弁などを求める二か条

第四号：沿岸の港湾、島嶼《とうしょ》を外国に割譲・貸与しないことを求める一か条
第五号：日本人の政治、財政、軍事顧問の起用、日本人の病院、寺院、学校への土地所有権付与、一部警察の日中合弁、日本からの兵器購入と日中合弁の兵器工場設立、華南での鉄道敷設権、福建省の鉄道、港湾、鉱山における優先権、日本人の布教権などを求める七か条

これらは当時、とくに過酷《かこく》な内容ではありませんでした。たとえば香港の租借は英中間で同様に取り決められていましたし、漢冶萍公司とはすでに提携関係にありました。

主権侵害として槍玉《やりだま》に挙げられたのが第五号ですが、これは日本の「要求」というより「希望」にすぎません。この「要求」には日本国内からも反対の声が出ましたが、それは条約の内容というより外交交渉の仕方に対する批判でした。

日清戦争以来、日本はつねに欧米から干渉を受けてきました。第一次世界大戦で欧州の目が中国からそれている間に、中国での権益を確保することが狙いだったのです。中国で他国並みの政治経済活動を行うこと以上の意図はありませんでした。

「日本の本格的な中国侵略は二十一か条要求から始まった」という解釈が、日本でも中国

でもほぼ一般的なようです。しかしその締結の経緯はあまり知られていないのではないでしょうか。

条約は25回もの交渉を経て、中国に大きく譲歩した「日華条約」として締結されました。問題となった第五号の七か条もすべて削除《さくじょ》されています。

「日本が最後通牒《つうちょう》を突きつけて強引に締結させた」というのも、袁世凱が英米を通じて圧力をかけ、交渉を引き延ばしたことが原因です。日本が断固とした態度を取らなくては、自国の権益を守ることなどできませんでした。国内の反対に配慮して、袁世凱が自ら最後通牒を求めた、という説もあります。

袁世凱と敵対していた孫文は、「日本政府の態度は東洋の平和を確保し、日中の親善を図るうえで妥当《だとう》」と考えていました。しかも条約交渉中の1915年には日中盟約を締結していますが、その内容は、

「日中が共同作戦をとりやすくするよう、全兵器を日本と同式にする」

「中国の軍と政府が外国人を招聘《しょうへい》するときは、日本人を優先させる」

「鉱山・鉄道・沿岸航路が外資を必要とするときは、まず日本と協議する」

など、二十一か条要求とほぼ同じものでした。

孫文とともに日中盟約の締結に当たった陳其美《ちんきび》は「(二十一か条要求をめぐる) 日中交渉問題は、国家という見地から見た場合は反対せざるをえないが、現在の世界の体制から観察すると、強いて反対すべきものではない」と理解を示しています。

袁世凱も孫文も、相手を倒すために外国の力を必要としていました。資金や技術を提供してもらうために、自国の主権を抵当《ていとう》にしなければならないのは同じだったのです。そして袁世凱は米英を、孫文は日本をパートナーに選んだのでした。しかしそうまでして得た資金は結局、内戦のための武器調達に消えていくことになります。

国力の弱い中国が日本と対等の立場に立てないことは、袁世凱も重々承知していました。結局条約を飲まざるをえず、日本の「要求」を故意にゆがめて伝えたのです。

「中国の学校では日本語を教授しなければならない」

「内乱が発生したときは日本の軍隊に援助を求め、治安を維持し

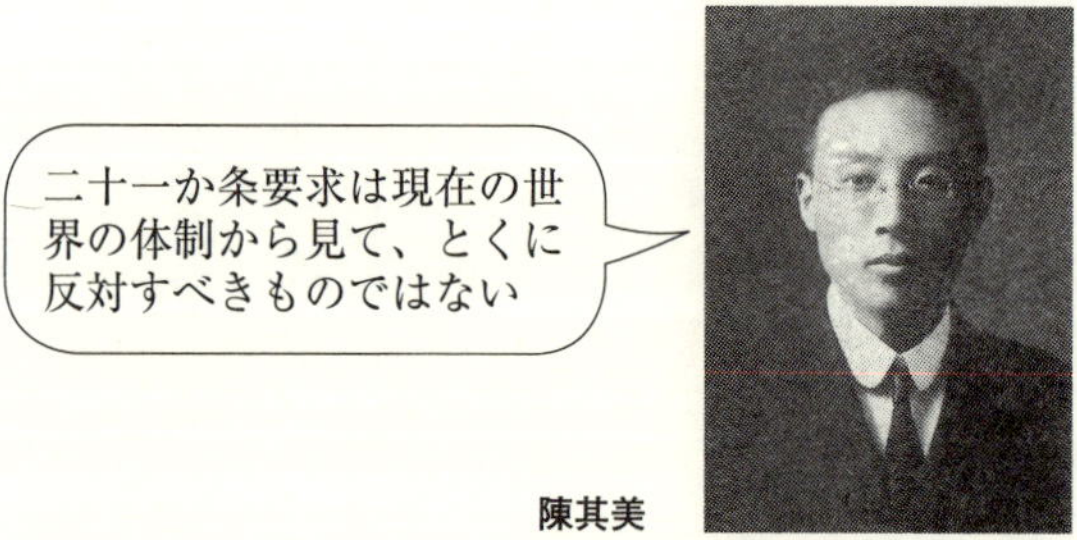
二十一か条要求は現在の世界の体制から見て、とくに反対すべきものではない
陳其美

なければならない」

「全国を日本人に開放し、自由営業を認めなければならない」

「陸海軍は日本人教官を招聘しなければならない」

「南満州の警察権と行政権を日本に譲渡しなければならない」

など、じっさいにはないものばかりです。これによって国内では排日運動が巻き起こり、列強による対日圧力も高まりました。反日を利用して国民を団結させるとともに、「夷をもって夷を制す」という伝統的戦略をはかったのです。こういった反日工作がやがて満州事変や支那事変の引き金にもなっていくのです。


現在、二十一か条要求に抵抗し続けた袁世凱は「漢奸《かんかん》（売国奴）」、進んで日中盟約を結んだ孫文は「革命の父」とされています。何が基準なのかもいいかげんなまま、かたや英雄、かたや売国奴《ばいこくど》とされているのが現状なのです。

第3章　満州に近代国家を誕生させた日本

満州とはどのような場所か

中国は城の国です。城壁で囲んだ内側が国で、これが「国」（國）という漢字の由来《ゆらい》です。一方、城を持たない遊牧の民は「行国《ぎょうこく》」の民と呼ばれていました。

中国人にとって「万里《ばんり》の長城《ちょうじょう》」は最北の防壁であり、北方は辺境《へんきょう》です。だから中国人は昔から満州をはじめとする北方の地を「関外《かんがい》」「塞外《さいがい》」の地と呼び、中華文明圏の外の別世界だと考えてきたのです。

万里の長城を境に、北は遊牧民が生活する草原、南は中原の民が生活する農耕地と、生活圏も二つに分けられます。両者にはそれぞれ独自の歴史があり、それぞれに国家・民族の興亡が繰り返されてきました。

そして、北側の世界や北方民族を中国人は、自らその巨大な壁で分離して、絶対に交わりたくない「化外《けがい》の地」（国の統治がおよばない未開の地）と呼んで、絶対に共存できない世界と考えていたのです。

現在中国が自国の領土に取り込んでいる東北地方（かつての満州）や内モンゴル、新《しん》

秦代および明代の万里の長城

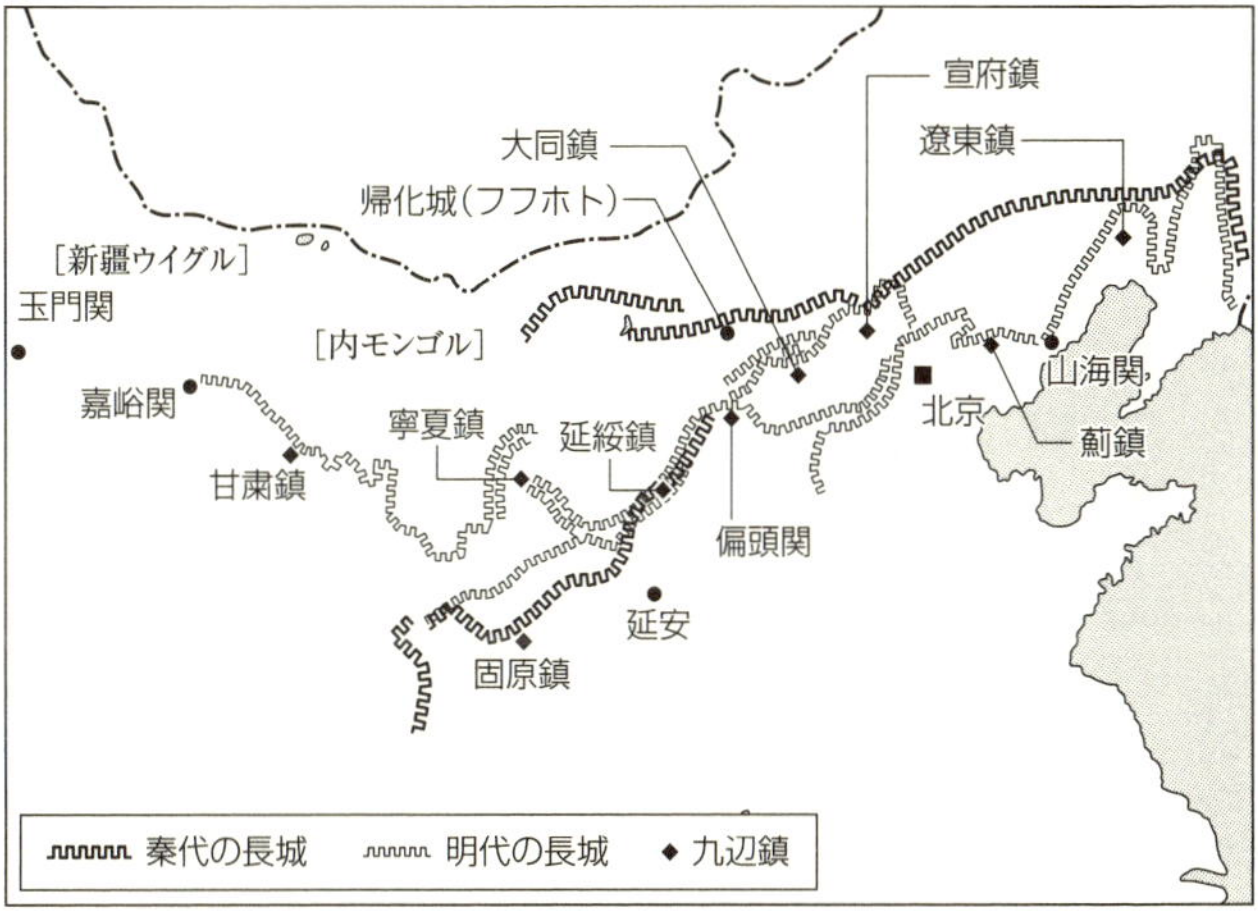

疆《きょう》ウイグル自治区などは、中国人が歴史上「化外の地」としてきた地域です。決して今日主張しているような「絶対不可分の固有領土」などではありません。

もっとも、始《し》皇帝が中国を統一した秦以前の斉《せい》をはじめ韓《かん》、趙《ちょう》、魏《ぎ》、さらに南の楚《そ》も長城をつくっています。秦の時代になって、趙と燕《えん》の長城をつなぎ、西は甘粛《かんしゅく》省岷《びん》県臨洮《りんとう》、東は遼陽《りょうよう》までの万里の長城を完成させました。

漢の武帝の時代にはさらに西の玉門関まで延ばしています。また、秦・漢の時代には現在よりも北にありましたが、南北朝時代の5～6世紀にかけて南に移り、現在のような形になったのは15～16世紀の明の時代で、西の嘉峪関《かよくかん》（現在の甘粛省《かんしゅく》）から東の山海関《さんかいかん》（河北省東北の臨楡県《りんゆ》）までは延べ2400キロとなっています。

漢の武帝、唐の太宗の時代には一時期、「万里の長城」を越え、西域までその勢力を伸ばしたこともありましたが、守りきれずに防衛線を後退させることがほとんどでした。「九辺鎮《きゅうへんちん》」といわれる九つの軍区を設け、長城地帯からの北方民族の侵入に備えていました。

1969年、中国とソ連の間に国境問題で紛争が起きた際にソ連のフルシチョフ第一書記が中国政府の理不尽《りふじん》な領土主張に対して、「中国の国力は長城までが限界である」と一蹴《いっしゅう》しました。そして、「古来、中国の国境は長城を越えたことがなかった。もしも古代の神話を持ちだして理不尽な主張を続けるのであれば、それは宣戦布告以外の何ものでもない」と、強く警告したのです。

これこそが正しい歴史認識です。

中国の戦史は内戦の歴史と北方民族との争いの歴史に二分する

中国の国境は古来より長城を超えたことがない！

フルシチョフ
（写真：John Fitzgerald Kennedy Library）

ことができます。北方民族との争いはすでに戦国時代から始まっています。そして、万里の長城の完成とともに、長城の南側（関《かん》内《ない》）には皇帝を中心とする「一君万民」（一人の君主が万民を統率する）のシステムができあがりました。紀元前3世紀ごろの中国初の統一国家、秦の始皇帝がつくった農耕帝国です。

ちょうど同じ頃、万里の長城より北の地域でも匈奴《きょうど》という遊牧民族を中心に北方諸民族の遊牧国家が結成され、遊牧民と農耕民の2000年以上にわたる争いの歴史が幕を開けたのです。

紀元前221年に始皇帝が中国を統一してから6年後、蒙恬《もうてん》将軍が30万の兵を率いて匈奴討伐を始めます。それ以来、歴代の中華王朝はこの北方民族に対する遠征、あるいはその侵入を防ぐための戦いを繰り返してきました。しかし、漢・唐時代のごく短い時期をのぞいて、その多くは失敗に終わりました。また、秦以後、「万里の長城」が北方騎馬民族の南進を防げたかというと、ほとんど効果をあげていません。

始皇帝

漢と匈奴との境界が万里の長城であったことは、『史記《しき》』の「匈奴列伝」に「先王の制に、長城以北は弓を引く国」と記されていることからも明らかです。長城は、漢と匈奴の攻防の末に、講和条約により両者の間で取り決めた正式の境界線だったのです。

紀元前200年、漢の高祖は大軍を率いて匈奴を攻めましたが、冒頓単于《ぼくとつぜんう》（単于＝匈奴の言葉で君主）の大軍に包囲され、単于の皇后に手厚い贈り物をしてようやく危機を脱します。以後、匈奴と兄弟の契《ちぎ》りを交わし、皇女を嫁がせ貢《みつ》ぎ物を贈り、和睦《わぼく》を結びました。

その後、中国の360年ぶりの統一王朝である隋は、100万以上の大軍による高句麗《こうくり》遠征が失敗したために滅びました。隋の後を継いだ唐の太宗もまた高句麗遠征に失敗しています。

さらに明の英宗《えいそう》は50万の大軍を率いて「北虜《ほくりょ》」（モンゴル族）への親征を行いましたが、オイラートという部族の軍に包囲され全滅しました。英宗は囚《とら》われの身となり、北方へと連行されました。これが「土木《どぼく》の変」（1449年）です。

このように、総体的に見れば遊牧民も農耕民も、互いにその勢力が万里の長城の南北を越えることはあまりありませんでしたが、遊牧民が農耕民を圧倒して征服王朝となる時代は少なからずありました。確かに、匈奴の時代には遊牧民は中華世界を支配できず、せいぜい農耕民に脅威を与えた程度でしたが、時代が下るとともに遊牧民は時間的にも空間的にも中国を飲み込んでいきます。

まず、南北朝の時代にはトルコ系の鮮卑《せんぴ》人が揚子江以北に北魏《ほくぎ》王朝（386〜534年）を建てます。唐以後に、女真《じょしん》人が金王朝（1115〜1234年）を建て、さらに元《げん》の時代には、モンゴル人が北方民族として初めて全中華世界を征服しました。

元以後は長城以南の漢族と北方の夷狄《いてき》が交互に中華世界を支配するようになりますが、最終的には満州人の清《しん》が300年近くにもわたって中華世界に君臨することになります。清の時代、満州人は漢人に「家奴」（家内奴隷）と自ら呼称するよう求めました。清朝にとって中国は、植民地というより家奴国家だったのです。

東洋史学者の白鳥庫吉《しらとりくらきち》は著書の『満州史』で、この地は満州族、モンゴル族、漢族の3民族が争う地であり、一貫した歴史はないと論じています。この指摘は大変重要です。というのも、多民族が争ったために一貫した歴史がないのは、満州だけでなく、中国も同じだからです。

満州史をひと言でいうと、長城をはさんだ南北諸民族の争いの歴史です。じっさいには女真人や満州人などの北方民族が南下して中華世界を征服・支配した歴史のほうが長かったとみるべきです。

北アジア史から見ると、紀元前1世紀から7世紀に高句麗、紀元前2世紀から5世紀には扶余《ふよ》（ツングース系の貊《ばく》人の国）、7〜8世紀は靺鞨《まつかつ》（渤海系《ぼっかい》）、7〜10世紀は渤海、10〜13世紀は女真人がそれぞれ活躍しました。

満州の地で最初に現れた強国は扶余と高句麗でした。『三国志』の「魏志」に出てくる挹婁《ゆうろう》は外満州にいた民族で、『魏書』に出てくる勿吉《もつきつ》はこの挹婁の末裔《まつえい》で靺鞨の祖先であり、純ツングース種です。扶余、高句麗が滅んだ後、その子孫である靺鞨人が渤海国をつくります。その渤海国内に台頭してきたのが純ツングース系の女真人です。だから中華世界に女真人の金王朝が成立したことは中国史にとっては一大転換点だったのです。

1234年の金王朝崩壊後、女真人はモンゴル人の元、さらにその後継国家の北元《ほくげん》の支配下に入り、海西《かいせい》、野人《やじん》、建州《けんしゅう》女真の3大集団に分かれます。後に建州女真から出たヌルハチが、満州の地に後金国を建て中国を支配して清王朝をつくります。

このように、満州の地は明らかに中国のものではなく、異民族が興亡を繰り返した場所だったのです。ちなみに満州とは、現在の中国では遼寧《りょうねい》省、吉林《きつりん》省、黒竜江《こくりゅうこう》省の3省（これを東三省《とうさんしょう》といいます）と、内モンゴル自治区の東部までの地域を指します。

満州事変はなぜ起きたのか

日露戦争で勝利した日本は、遼東半島や東清鉄道の南満州支線など、満州地域の南側、いわゆる南満州の権益を獲得します。

日本は南満州鉄道を設立し、満州における本格的な鉄道網や、沿線地域の開発を行いました。

そして「満州事変」により、日本は満州の居留民や住民を苦しめていた馬賊や軍閥を追い出し、やがてこの地を独立国家へと導いていくのです。

満州事変とは、1931年9月18日、柳条湖《りゅうじょうこ》付近の南満州鉄道の線路が爆破される「柳条湖事件」が発端となって起きた日本と中国の間のもめごとを指します。

柳条湖事件に対し、日露戦争の勝利によって遼東半島の守備と、南満州鉄道の警備を担《にな》っていた日本軍は、当時、満州の地を仕切っていた張学良《ちょうがくりょう》の軍閥によるものだと断定し、張学良軍を攻撃、満州から追い出して、満州全域を占領します。そしてそれが、後の満州国建国へと発展していきます。

ちなみに、遼東半島は山海関（万里の長城）の東側だったため「関東州《かんとうしゅう》」と呼ばれており、その地域の警護のために駐留する日本軍は「関東軍」と呼ばれました。

戦後、この「柳条湖事件」は日本軍の自作自演だったとされ、中国侵略を象徴する悪名高き謀略事件とされています。また、日本の教育でも、日本は満州領有の野望のために「満州事変」を起こして意のままに操《あやつ》る満州国を建国した、それは明らかに中国への侵略だったという日本侵略論に基づいて教えています。

しかし、史実はそうではなく、満州事変とは中国の激しい排日攻撃に対抗し、満州における日本の権益と住民の生命を守るための戦いだったのです。

それを知るために、満州事変勃発にいたる当時の満州の状況を見ていきましょう。

軍閥や馬賊を満州から追い出した日本軍

1911年の辛亥革命で清朝が倒れた後、この満州の地をぎゅうじったのは、北洋軍閥の流れをくむ奉天《ほうてん》派の張 作霖《ちょうさくりん》でした。もともと張作霖は東三省を根城にする馬賊の親分でしたが、1905年の日露戦争以後に清に帰順し、北洋軍閥に組み入れられました。

辛亥革命以後の1916年、中華民国北京政府の大総統だった袁世凱の死去にともない、張作霖は奉天省の支配権を獲得、さらに東三省全域を掌握《しょうあく》し、「満州王」と呼ばれるようになります。

一方、日本は日露戦争後のポーツマス条約（1905年）により、ロシアの東清鉄道のうち、南満州支線の租借《そしゃく》権や関東州の租借権などを獲得しました。そこで満州に鉄道を敷き、産業を興しました。そして関東軍が治安を守っていました。

そのため、当時中国各地で起こっていた内乱もこの地には及ばず、この平和郷をめざして中国人が殺到し、人口は1911年の辛亥革命当時の1800万人から、20年後の満州事変勃発時には約3000万人に達していました。

日本の南満州鉄道（満鉄）が産業の基幹とみてとった張作霖は、息子の張学良と2代にわたって満州の地方勢力を守るために、満鉄包囲鉄道の建設に着手し、満鉄の東西に日中間の条約に違反する並行線を敷設し、満鉄に大打撃を与えました。

ワシは「満州王」である！　日本の満鉄経営のジャマをしてやる！

張作霖

また、ポーツマス条約で日本人に認められた商工業、農業に必要な土地の商租権《しようそけん》（土地の使用収益を目的とした賃貸借権）も、満州官憲によって侵害されるようになりました。

1915年には、「日本人に土地を商租した者は売国罪として死刑に処する」との法律まで制定し、翌年には奉天省政府が、日本人に「担保として地券（土地証明書）を使用し、あるいは担保の名目で土地を売却した者は売国犯として扱う」との法令を出しました。こうした法令は過去にさかのぼってまで適用され、日本人の南満州における商租権はまったく不可能になってしまったのです。

一方、張作霖は、東三省を足がかりに、自分の勢力を中国内地にまで広げようと画策《かくさく》します。

第2章でも紹介した1920年の安直戦争、1924年の第二次奉直戦争など、袁世凱死後に起きた北京政府の混乱に乗じて勢力拡大を図り、1926年12月、北京政府の大元帥に就任します。そして自分こそが中華民国の主権者であると宣言します。

ところが、これに対抗する勢力が現れます。孫文とともに北京政府打倒、中国統一をめざしていた国民党の蒋介石が、1925年、広東で国民革命軍を組織して、北方に攻め上ってきたのです。

1928年、ついに張作霖はこれに抗しきれず、北京を脱し、満州に逃げ帰ります。そしてその帰路、張作霖の乗った列車が爆破され、張作霖は死亡します。

この爆破は、現在、満鉄の権益を阻害《そがい》する反日的な張作霖を排除するために関東軍が行ったとされ、「日本軍部の暴走」ということになっていますが、最近ではスターリンの命令によって、日本のしわざに見せかけるために行ったソ連KGBの謀略という説も浮上してきています。

いずれにせよ、この頃の張作霖は膨大《ぼうだい》な軍事費を使い、また紙幣を乱発したため、インフレとなり、満州の民衆から非常に恨《うら》まれていました。

1928年に張作霖が爆死すると、息子の張学良《ちょうがくりょう》が満州の実権をにぎります。同年12月、彼は関東州と満鉄付属地を除く満州全域で、それまで用いてきた満州五色旗（辛亥革命後の北京政府の中華民国旗）を下げて、国民党の青天白日旗《せいてんはくじつき》を一斉に掲げさせ、国民党への服従《ふくじゅう》を声明しました。これが「満州易幟《えきし》」です。

国民党というのは、孫文が樹立した中華民国における一党独裁政党のことです。ところが袁世凱が帝位を復活し、国民党を弾圧しはじめたため、孫文は袁世凱の北京政府を打倒するために、広東政府を設立したのです。

孫文の死後、国民党は蔣介石が引き継ぎ、南京に新たな国民政府を成立させましたが、張作霖はその配下に入ったわけです。このことは、満州が中国のものであると宣言することに等しいものでした。北京政府は清朝の北洋軍閥からの流れを受け継いでいますが、孫文はもともと「滅清興漢」を唱えていましたから、漢人です。

そしてこの「満州易幟」以後、満州には国民党の勢力が流れ込んできました。

南京の国民政府は「排日侮日運動《はいにちぶにち》」を国是《こくぜ》に掲げていたため、満州では中国兵による侮日行為、鉄道妨害、その他の反日事件が多く発生しました。満州事変発生の時点で、満州における日中間の懸案《けんあん》は300件以上に達していたのです。

日露戦争の結果として満州を手に入れることができた日本では当時、「10万人の生霊、20億円の国帑《こくど》(国家の財産)、10年の歳月をかけた満蒙を守れ」が国民的な合言葉となっていました。それが、「満州易幟」によって国家の生死存亡をかけて戦った日露戦争が否定されるなど、断じて許されることではありませんでした。

そして、1931年9月18日、中華民国奉天(現在の瀋陽《しんよう》)の柳条湖付近の満鉄の線路が爆破され、これを張学良軍のしわざであると断じた関東軍は、張学良軍を満州から排除するために軍事行動に出たのです。

前述したように、この柳条湖事件については現在、日本の関東軍による自作自演とされていますが、一方で、ソ連が仕掛《しか》けたものであるという説もあります。当時、ソ連やその支援を受けた共産党は、しきりにそうした謀略を行っていました。

１９２７年、北伐を進める蔣介石の国民革命軍（国民党の軍隊）が南京に入城した際、日本や欧米の領事館を襲撃する事件がありました。これは明らかにソ連や共産党が先導したものであり、蔣介石と日米欧を戦わせる目的があったことが明らかになっています。

また、先述した張作霖にしても、１９２５年に部下に謀反《むほん》を起こされたことがありましたが、その背後にソ連があったため、１９２７年に北京のソ連大使館を襲撃しました。それにより中華民国とソ連は国交断絶しました。張作霖爆殺事件も、そうした状況のもとで起きたのです。

満州の民から感謝された日本軍

もし柳条湖事件が日本側の仕組んだものだったとしても、それには十分な理由があります。１９３１年、満州事変が起こる直前には、朝鮮人農民（日韓合邦により、当時は日本人扱いでした）と中国人農民が衝突する「万宝山事件《まんぽうざんじけん》」や、満州北部の大興安嶺《だいこうあんれい》地区を調査していた陸軍参謀の中村震太郎大尉らが、張学良配下に惨殺されたという「中村大尉殺害事件」も発生し、関東軍は出兵を計画しましたが、本国の反対で実行できません。

日中間は緊迫し、事実上の交戦状態にあり、関東軍としては武力によって解決するか、さもなければ満州を放棄《ほうき》するかという瀬戸際の選択を迫られていました。

中国側は条約、法令を無視し、日本人の生命や財産を脅《おびや》かし、満州の住民から搾取《さくしゅ》するなどやりたい放題でした。それを日本本国の外務省官僚は見て見ぬふりをして不干渉《ふかんしょう》主義に固執《こしつ》しています。

それに対して、隠忍自重《いんにんじちょう》を重ねてきた関東軍が、国防上の生命線である満州と満州における日本の正当な国益、そして満州にいる日本人の生命を守り抜くため打って出たのが、柳条湖の謀略という手段だったと推測されます。

柳条湖事件の後、戦火はまたたくまに拡大し、関東軍は張学良軍を駆逐《くちく》して満州全域を占領しました。当時、関東軍の兵力はそれほど多くはありませんでした。それは条約で満鉄を警備する兵力が鉄道1キロ当たり15人までと規定されていたからです。満鉄幹線の旅順から長春までは764・4キロで、司令部要員を含めて1万4419名の守備兵しか置けないことになっていたのです。

一方、張学良軍の兵士は30万人とも40万人ともいわれ、満州の年間予算の80パーセント以上にものぼる軍事費をかけ、飛行機をはじめとする近代的装備を備えていました。それが、たった1万数千人の関東軍に一撃を加えられただけで総崩《そうくず》れの状態となり、満州から駆逐されたのです。

なぜ彼らは絶対少数の関東軍に太刀《たち》打《う》ちできなかったのでしょうか。それは、張学良軍があまりにも弱かったからです。その最精鋭《さいせいえい》の主力部隊ですら、関東軍の30センチ砲の轟《ごう》音《おん》に驚いて、そのまま総崩れとなってしまいました。なぜなら、匪賊《ひぞく》と変わらない張学良軍では、兵士が反乱したり兵器を悪用したりしないように夜間は銃器類を一括《いっかつ》して格納しており、このことが決定的な敗因となったのです。

それまで排日侮日行為をやりたい放題していた張学良軍は、関東軍がずっと動かなかったことに安心し、完全に侮《あなど》っていたのです。まさか関東軍が逆襲するなど夢にも思っておらず、簡単に負かされてしまいました。

張学良の軍閥政権は、後世の歴史家から「私兵を養い、軍費を捻出《ねんしゅつ》するため広大肥沃《ひよく》な満州の土地を荒らし、民衆から絞《しぼ》り取った税金の7、8割は軍費に当てられた。そのため満州の商人の3割はついに破産し落ちぶれた」と痛烈《つうれつ》に非難されています。

だから、満州の民は、満州事変で関東軍が張学良の軍閥を駆逐したことに歓喜し、日本に感謝しました。こうして満州各地で新国家建設運動がわき起こり、ついに1932年には満州国が建国されます。

なぜ満州は「日本の生命線」だったのか

満州建国について、今日の歴史の現場では、「関東軍による陰謀《いんぼう》」であると断罪《だんざい》しています。しかし、これは歴史をあまりにも単純化した見方であり、真相はそうではありません。

それではまず、満州国が誕生する以前の満州の状況、この地域をめぐる漢人と列強の思惑《おもわく》、日本にとっての意味について見ていきましょう。

満州人の祖先である建州女真人のヌルハチが清を建国して以来、絶え間なく外征を繰り返したために、満州の成年男子は八旗《はっき》軍の兵士に組み込まれ、豊かだった満州の荘園《しょうえん》（領地）はじょじょに無人化していました。

満州事変における日本軍の進路

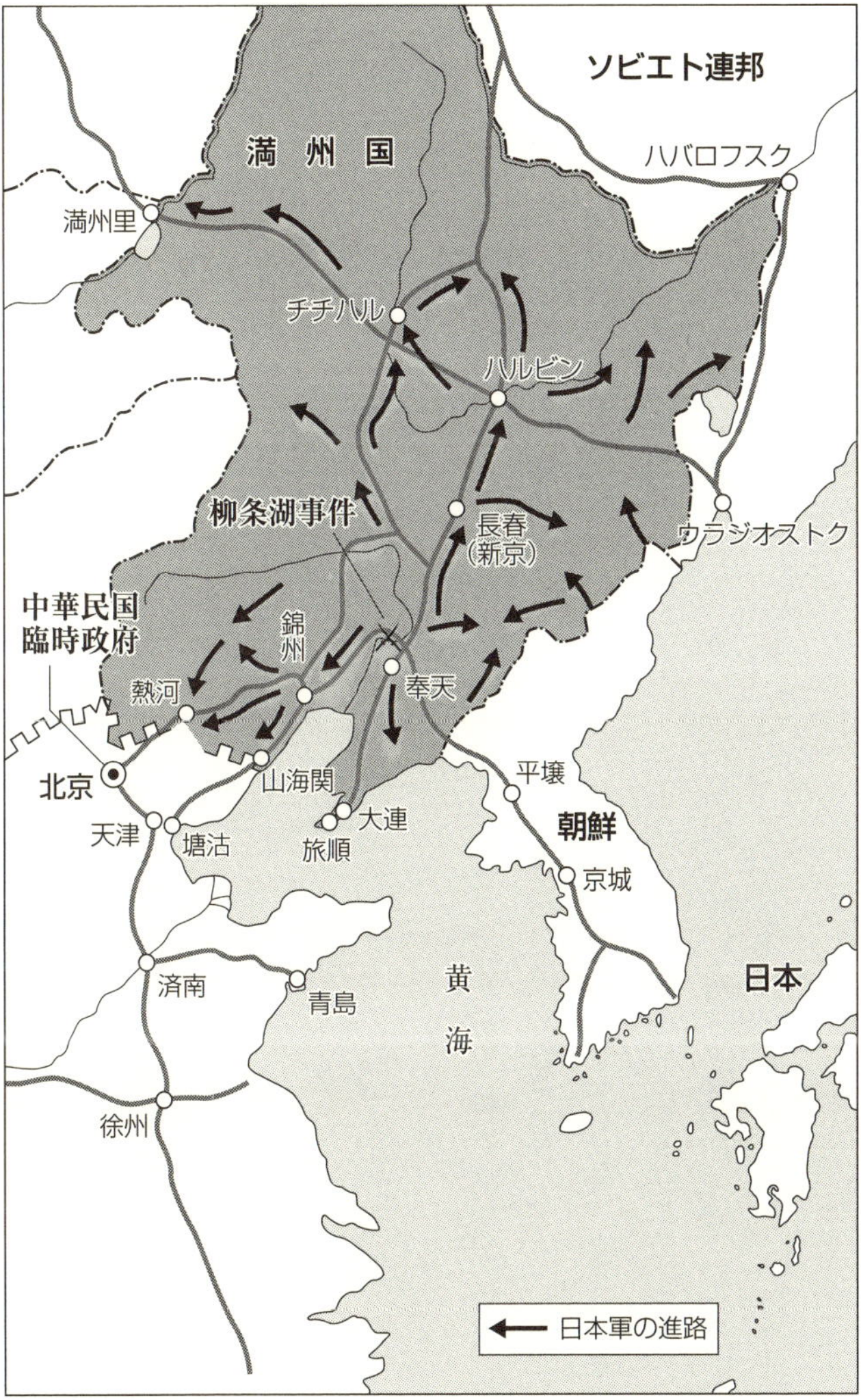

清の朝廷が入関して北京に移ってからは、兵士だけでなく老若男女もこぞって満州の地を離れ、万里の長城以南へとなだれ込みました。

満州人は1621年、遼東半島に最初の立ち入り禁止の囲場《いじょう》（八旗軍の狩猟と練兵《れんぺい》のための山林）をつくり、その後、立ち入り禁止の地を満州全域へと広げていきました。また、囲場以外にも野生人参《やせいにんじん》、金、テンの皮、淡水真珠《たんすいしんじゅ》、玉《ぎょく》など帝室用の物資を密猟、密採から保護するため、たくさんの立ち入り禁止区を設けました。

こうして、19世紀の後半にいたる頃には、このドイツとフランスを合わせた面積を持つ広大な満州の地は、無人に近い荒野になっていました。

ところが、乾隆帝の盛世がすぎると、中国では飢饉《ききん》が慢性化して大量の流民《りゅうみん》が生まれるようになり、漢人や朝鮮人が満州へ流入します。絶対多数の漢人の勢力拡大を恐れていた清朝も、列強の中国進出を防ぐため、この立ち入り禁止を解除《かいじょ》せざるをえなくなり、また、満州人と漢人の結婚禁止も解《と》かれるなどして民族融和《ゆうわ》が進められていきます。

日清戦争後、日本はロシア・ドイツ・フランスの三国干渉によって清から割譲された遼東半島を返還させられます。そのため朝鮮半島では、日本VS清から日本VSロシアの勢力対立が主軸となりました。

清は遠交近攻《えんこうきんこう》（遠い国と同盟を結び近い国を攻める）という伝統的な国家戦略をとり、ロシアと攻守同盟を結び日本に対抗しました。

義和団の乱（１９００年）を契機にロシア軍が満州を占領しました。清朝は抗議したものの、結局はロシアのものとあきらめました。こうして、南下の勢いを強めるロシアを食い止めるため、日本は国運をかけ日露戦争を戦うことになります。

開戦時、当事者である清朝は表向き中立の立場をとりながら、じつは裏側でロシアと「露清《ろしん》秘密同盟条約」を結んでいました。日本はこの戦争で勝利を収めますが、戦死者19万人、戦費15億円という耐えうるかぎりのぎりぎりの犠牲を費やしました。ところがポーツマス条約ではそれら犠牲に見合う戦果は得られませんでした。

日露戦争後のポーツマス条約に基づく日清条約（１９０５年）と対華二十一か条で知られる日華条約（１９１５年）で規定された日本の権益が、「満蒙《まんもう》の特殊権益」でした。つまり鉄道、鉱山、課税、商租、居住、商工業などに関する権益です。

アメリカも「支那の独立を損《そこ》なわない範囲においては、日本の領土に近い地方における日本の特殊権益を容認」する旨《むね》を、１９１７年の石井・ランシング協定で言明していました。

この「特殊権益」を守りぬこうとする日本と、それを阻止しようとする中華民国との衝突が激化し、日本人は満州を「日本の生命線」と認識するにいたったというのが、満州建国の重要な背景の一つです。

満州の人々が望んだ新国家の建設

ここまでの流れを整理すると、1911年の辛亥革命後、清朝が倒れて中華民国が成立しますが、袁世凱と孫文の主導権争いから、袁世凱は北京政府、孫文は広東政府をつくって互いに反目《はんもく》し合います。

そして1916年に袁世凱が死亡すると、その北京政府内での権力闘争が激化して派閥間の戦争が勃発《ぼっぱつ》し、北京政府の主導者が二転三転していきます。

そしてその混乱に乗じて、東三省の実力者だった張作霖が19

日本の特命全権大使・**石井菊次郎**とアメリカの国務長官**ロバート・ランシング**の間で、中国の特殊権益に関する協定が締結された

26年、北京政府の大元帥に就任します。

ところが、広東政府の蔣介石が武力によって中国を統一しようと、北京政府をめがけて北上してきました。

これに抗しきれずに、張作霖は北京から脱出、そして満州に戻る途中で爆殺されました。亡くなった張作霖に代わって満州の実権を握ったのが、息子の張学良でした。しかし、張作霖、張学良は南満州鉄道や日本人商人の権益を奪い、日本人の財産や安全を脅かす存在となっていたため、柳条湖事件をきっかけに、張学良は日本軍によって満州の地から追い出されたのです。

このように、清朝崩壊後の中国および満州の地は、混乱につぐ混乱が続いていました。いくら中国を統一しようとしても、すぐに内乱や分裂が起こってしまいます。そこで、それぞれの省が独立し、ゆるやかな連邦国家をつくるという構想が生まれてきました。そうした考えの人たちは、「連省自治《れんしょうじち》派」と呼ばれていたのです。

そして辛亥革命後の中華民国では、北京政府と広東政府に加え、この連省自治派が第三の勢力として存在しました。とくに揚子江流域と西南地方は連省自治派の拠点でした。

その後、連省自治派は蔣介石による武力統一により、後退を余儀《よぎ》なくされましたが、満州では隠れた勢力として存在し続けていたのです。

さらに満州には、満州の自治独立派で、中国本土の連省自治構想に近い考えを持っている保境《ほきょう》安民《あんみん》派《は》や、清朝の再建を目指す復辟《ふくへき》派《は》、モンゴル独立を望むモンゴル青年独立派などがあり、張学良軍閥の打倒をめざしていました。

さて、満州事変後、軍事費増強のため民衆に多大な税金を納めさせ苦しめていた張学良軍が、関東軍によって満州から駆逐されると、民衆は日本による「解放」を感謝し、各地で新国家建設運動が次々と起こります。

奉天《ほうてん》省の商人代表は、連省自治派と提携して奉天自治維持会を組織し、中国本土と絶縁《ぜつえん》して民意に基づく新政権の樹立をめざしました。この組織は後に改組して遼寧《りょうねい》省地方自治維持委員会となり、省の独立を宣言します。

「わが東北民衆は、軍閥の暴政下にあること十数年、今やこれらの悪《あ》しき勢力を一蹴《いっしゅう》すべき千載一遇《せんざいいちぐう》の機に到達した」「新独立政権の建設を図らざるを得ざるにいたった。これがために本会は、張学良と関係ある錦州《きんしゅう》政府ならびに軍閥の元凶である蔣介石らの蠢動《しゅんどう》を否定することを決議した」とあります。

同時に、吉林《きつりん》省も独立を宣言しました。また、東省《とうしょう》特別区のハルビン市長・張景恵《ちょうけいけい》は関東軍参謀の板垣征四郎《いたがきせいしろう》に説得され、治安維持会を組織して1931年1月1日、独立を宣言しました。

こうして1932年2月、全満《ぜんまん》建国促進運動連合大会が奉天城内の自治指導部大講堂で開催され、各省代表のほか、モンゴル、吉林省朝鮮人、満蒙青年同盟、各種団体代表など700人が出席して満州建国を宣言したのです。

また、満州の指導者たちが、新国家建設の建国会議を開き、清朝最後の皇帝（宣統帝）だった溥儀《ふぎ》を執政《しっせい》に戴《いただ》き、満州国政府は同年3月、「3000万民衆の意向《いこう》をもって即日中華民国との関係から脱し、満州国を創設する」と建国を宣布《せんぷ》したのです。

満州事変直後の『満州日報』（1932年10月16日付）は、早くも「東北四省の主権者は、結局、宣統帝を擁《よう》して大総統となし、連邦共和国の一大国家建設に落ち着くだろう」と報じています。

事実、後に溥儀を皇帝として帝政満州国が実現したのだから、いかに連邦自治派が強かったのかがわかります。各地の実力者が結集して新国家建設に奔走《ほんそう》した結果、ついに吉林、黒龍江《こくりゅうこう》、遼寧省の「連省統合」で満州国を建てる構想が生まれることになります。

たとえば、関東軍参謀の石原莞爾《いしはらかんじ》が建国最大の功労者と讃える于沖漢《うちゅうかん》という人物は、保境安民派の流れを汲《く》み、戦乱の中国本土に対する満州の自治を唱え、軍閥打倒、悪税阻止、民力培養《ばいよう》、警察制度改革などを提言していました。彼がめざしたのはスイスのような永世中立国家でした。

于沖漢は、軍隊を廃止して国防を日本に委任するという「不養《ふよう》兵《へい》主義」まで主張しました。

満州事変後、満州にいる日本人の国家意識にも大きな変化が起こります。それまでは満州における日本の「特殊権益」を死守しようとの志士《しし》型の意識が主流でしたが、事変後には満州、モンゴルの独立をめざす独立建国論者となり、新しい国家建設に情熱を傾けるようになっていきます。

関東軍参謀部の土肥原賢二《どいはらけんじ》大佐は日本人を盟主とする「五族協和国案」を唱え、参謀本部の建川美次《たてかわよしつぐ》少将は宣統帝を首班《しゅはん》とする「親日政権樹立案」を提示していました。

満州青年連盟の中西敏憲《なかにしとしのり》（満鉄本社文書課長）、升巴倉吉《ますともくらきち》（満

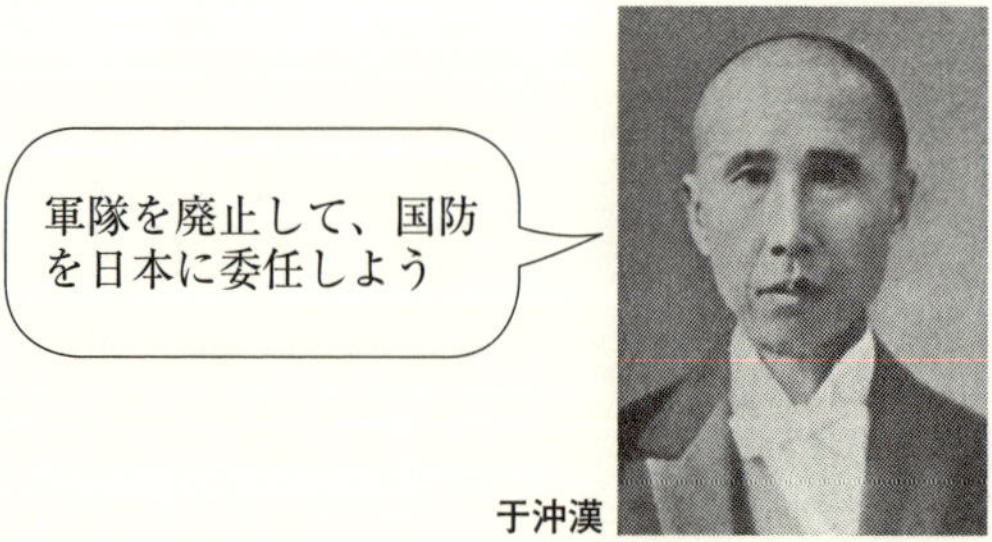

于沖漢

鉄社員）らは「東北自由国」（後に満蒙自由国と改める）を提案し、『満州評論』主筆の橘樸《たちばなしらき》は「民族連合国家」を主張しました。

ほかにも、分権的自治国家や、デモクラシーを基調とした農村自治国家などの構想もありました。日本人の間では、アメリカ合衆国を建国のモデルとして考えていた者が多くいました。

このように、満州の「国のかたち」をめぐって論議が噴出《ふんしゅつ》し、どれが優勢かを定めがたい状況で、「いずれの国体でも差し支えない、独立できればそれでいい」と発言したのが、張景恵《ちょうけいけい》でした。そして、折衷《せっちゅう》案として溥儀を執政とする民主共和制が決定され、国号を満州国、国旗を五色旗、国都を新京《しんきょう》と定めたのでした。

そもそも清朝は満蒙民族以外にも多民族を抱える世界国家でした。清末から中華民国の政治家・張弧《ちょうこ》は、満州事変より以前から、東亜の永久平和のために日本・中国・ロシアが争う満蒙全域に東亜六族の大同国家を建設し、中立を保たせる以外にはないと主張

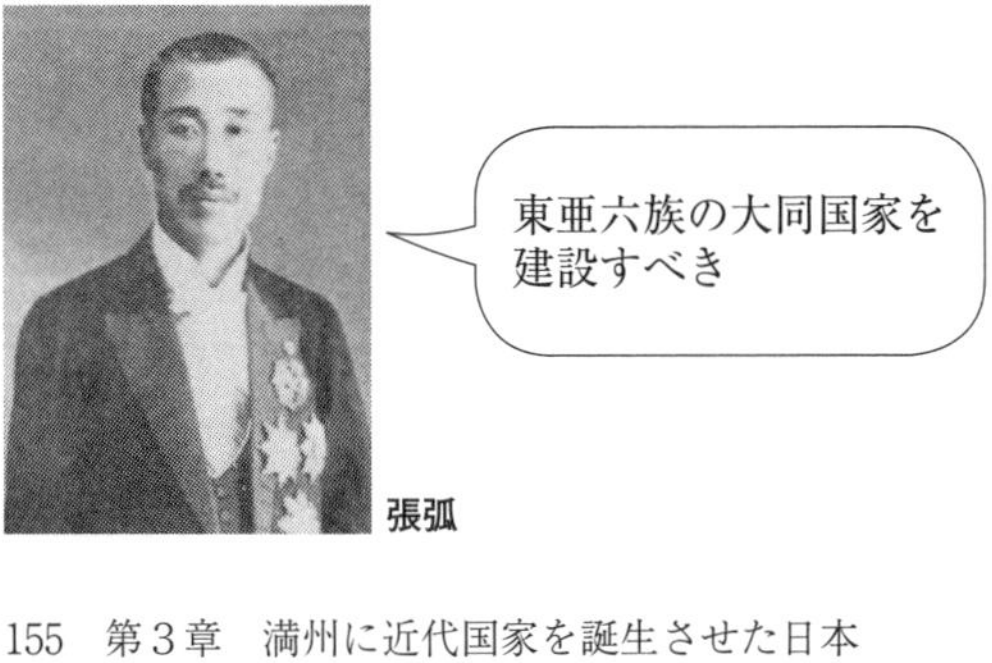

張弧

していました。

満州建国とは、中華世界の一部を分離させる謀略などではなく、満蒙人がかつて中華世界の外にあった自分たちの国家を再建することであり、満州人、モンゴル人、漢人、日本人、朝鮮人の「五族協和」の理念のもと、日本がその再建を強力に後押しするという、きわめて単純明快なことだったのです。

満州国は日本の傀儡《かいらい》国家だったのか

現在、中国政府は、満州国が日本の言いなりの傀儡《かいらい》国だったと非難し、満州国が存在していたことさえ認めず、「支那《しな》」という言葉と同じく禁止用語、あるいはタブー用語としています。

中国の学校では「偽」をつけて「偽満州国」と教えており、満州国の「正式名称」は「偽満州国傀儡政権」としています。日本の学者でも、満州国が日本の植民地だったとして、その存在が不当であると主張している人は少なくありません。

しかし、じっさいに満州国が日本の傀儡国家、植民地であったかというと、それは事実ではありません。日本が満州国の政治にかかわったのは、宣統帝を再び君主の地位に戻すなどの支援的役割をはじめとする、当時の列強として当然の道義《どうぎ》的責任をはたしたにすぎません。

もともと満州人の地ですから、建国にあたって満州人である清朝の皇帝を戴くということは、自然なことです。

漢人の中華民国に清王朝を滅ぼされた満州人が、かつて清王朝がめざした諸民族の共存を実現すべく新興国家として、共和、協和を理想に建国したのが満州国でした。

中国が満州国を「傀儡国家」とみなし、諸民族協和をめざしたこの新国家の存在を否定し、さらにはこの土地を自分たちのものだったと主張するのは、「天に二日なく、地に二王なし」（太陽が一つしかないように、君主は一国に一人だけでいい）とする中国特有の独善《どくぜん》的な中華史観の国家観に基づくもので、正当性はなく世界には通用しません。

さて、1932年3月、満州国が成立すると、日本国内では、これを承認するか否《いな》か論議が沸騰《ふっとう》しました。関東軍をはじめとする満州関係者ははじめから即時《そくじ》承認を主張し、荒《あら》木貞夫《きさだお》陸相をはじめ陸軍も即時承認を説きましたが、外務省は、諸外国から「合併《がっぺい》」であると誤解されるのを避けるために、時期尚早《しょうそう》であるとして反対したのです。

しかし同年の五・一五事件後、斎藤実《さいとうまこと》挙国一致内閣が成立すると、満州国の早期承認を求める声が高まり、6月14日、衆議院が全会一致で承認促進《そくしん》決議を行いました。

日本政府は8月8日、武藤信義《むとうのぶよし》大将を関東軍司令官兼駐満特命全権大使に任命し、8月25日から開かれた第63回帝国議会で、内田康哉《うちだこうさい》外務大臣が外交演説で満州国承認について次のように述べました。

「1931年9月18日（柳条湖事件）以後の日本軍の行動は自衛であり、不戦条約は自衛権の行使を制限しない。満州国の成立は中国内部の分離運動であって、日本の満州国承認は九か国条約の違反にはならない。中国の一地方住民の自発的独立国家建設は禁止されるべきものではなく、日本は不戦条約にも九か国条約にも違反していない」

九か国条約とは、1922年にワシントン会議に出席した日本・アメリカ・イギリス・フランス・オランダ・イタリア・ベルギー・ポルトガル・中華民国の間で締結された中国の「門戸開放・機会均等・主権尊重」の原則を確認したものです。

そして内田外相は最後に、「たとえ国を焦土《しょうど》と化すとも、満州国独立を擁護《ようご》せん」と結びました。この演説は「焦土外交演説」といわれています。

9月15日、満州国全権・鄭孝胥《ていこうしょ》国務院総理との間に日満議定書の署名調印を行い、実質的に満州国を独立国家として承認しました。

　こうして１９３４年１月20日、満州国は鄭孝胥国務院総理の名で帝政実施の声明を発表し、満州国の成立を日本をのぞく71か国に通告しました。

　日本に続いて最初に満州国を承認したのは、中南米のエルサルバドルでした。同年４月、ローマ教皇庁が承認し、37年から38年にかけて枢軸《すうじく》国のイタリア、スペイン（フランコ政権）、ドイツ、38年10月、ポーランドも満州国を承認しました。

　さらに39年以後にはハンガリー、スロバキア、ルーマニア、ブルガリア、フィンランド、クロアチア、デンマークといった北欧・東欧諸国が承認しました。ドミニカ、エストニア、リトアニアは正式承認しませんでしたが、国書を交換しました。その後、大東亜戦争期にはタイ、ビルマ、フィリピン、自由インド仮政府、内モンゴルも承認します。

　ソ連は公式には満州国を承認しませんでしたが、満州に対する

内田康哉

中立不干渉主義を表明し、1932年6月にはブラゴベシチェンスク市とチタ市に満州国領事館の設置を認めています。

諸外国から国際的承認を受ける中で、満州国がもっとも重要視したのは、中華民国からの国家承認でした。

熱河省《ねっか》は1933年5月に結ばれた日本と中華民国との停戦協定である塘沽《タンクー》停戦協定で満州国に併合されました。これによって、満州国は万里の長城を境に中華民国と領土を接することになりました。さらに34年末から35年にかけて、中華民国政府と列車の相互乗り入れ、郵便、通電、通航問題を解決しました。これらのことを考えると、実質的には、中華民国は満州国を新国家として承認していたとみなすことができます。

しかし、1937年の日華事変（日中戦争）から満州国と中華民国の関係が悪化します。もっとも、同年12月に北京で樹立した中華民国臨時政府は、38年に両国双方に通商代表部を設置しています。

日本は1940年3月、南京で中国国内の諸政権を統合した汪兆銘《おうちょうめい》南京政府を加えて「日満華共同宣言」を出し、同年12月1日に相互承認を行い、翌41年には大使を交換しました。しかし、中華民国に存在した複数の政府のうち、蔣介石の重慶政府だけは満州国を否認し続け、承認しませんでした。

いずれにしても、満州国は23か国もの承認を受けた国家であったことを見逃してはいけません。

満州国運営にあたり、政治や経済の指導者として日本人が主導しましたが、あくまでも諸民族共存共栄を目標として強く打ち出しており、列強諸国の植民地経営とはまったく異なっていました。

法的には日本人は何ら特権を認められてはいませんでした。政府諸機関をはじめ技術者などの上層部、指導者層の大多数を日本人が占めていましたが、人口の圧倒的多数を占める中国人の識字率が2割にも達しておらず、近代国家を運営する能力に欠けていたため、やむをえないことでした。そこで、国を担《にな》う人材を養成し全民族の興起《こうき》をめざして、国民教育の普及推進政策が進められました。

たしかにこの国は日本人が中心となって成立し運営されたのは事実です。人口比率からいえば日本人は全体の30分の1程度でしたが、それでもその少数の日本人がいなければ、満州国は成り立ちませんでした。関東軍がいなければ、ロシアや中国の軍閥からこの国の安全を守ることができず、この地に平和と安定を招くことは不可能だったのです。

日本人には、近代国家建設、国民意識の確立の経験があり、高い教育水準、資本の蓄積と技術開発の能力も備わっていました。日本人が五族協和の複合民族国家において主役になったことに、何の不当性もありません。

日本人は満州で「奪った」のではなく「与えた」のでした。その証拠に、当時の満州国には、日本人や朝鮮人だけでなく、中国人も年間100万人も流入し、建国からわずか13年半で人口は1500万人も急増したのです。

年間100万人の中国人が満州国に駆け込んだ

満州に多くの漢人が移り住んだ事実を、中国や日本の反日学者は「日本に強制連行されたのだ」などと主張し、日本の悪行にすりかえていますが、これはまったく根拠のないでっち上げです。

当時たった数万の兵力しかない関東軍が、どうして年間100万単位の漢人を強制連行できるのでしょうか。物理的にも不可能なことです。

これほどの中国人が移住してきた理由は、日本軍によって張学良の軍閥や馬賊《ばぞく》が平定され、駆逐された後の満州が、中国人にとって「王道楽土《おうどうらくど》」となったからです。

戦乱と飢饉の中国に比べ、満州は安定し、豊かで衛生的な土地であり、まさに中国人流民にとっての桃源郷《とうげんきょう》となったのでした。戦後こそ、理不尽な偏見《へんけん》が生じましたが、当時この土地は地獄ではなく、明らかに天国だったのです。

20世紀初めの満州の人口は推定約1000万人、そのうち満州人をはじめとする少数民族は約100万人で、残りは漢人でした。それが約30年後の満州事変当時には、すでに人口が3000万人に急増していたのです。

また、満州に駆け込んだのは漢人だけではなく、多くの朝鮮人もこの地をめざしました。近現代史の書物には、朝鮮人は日本人に土地を奪われ、迫害《はくがい》を受け、日本人に追われて満州に入り、抗日の基地をつくったなどと書かれているものが少なくありません。しかし、これは歴史の歪曲《わいきょく》です。

朝鮮人の満州入植は、すでに清の時代、満州が立ち入り禁止だった時代から始まっていました。これらは当然、自発的なものであり、移住が解禁されるとさらに加速していきました。

朝鮮人は18世紀からすでに豆満江《とまんこう》を越え、満州の地やウスリー地方に流入しています。

19世紀末に満州移住が解禁されると、大量に満州とシベリアに流入していきました。その後も李朝《りちょう》末期の朝鮮半島では政情不安が続き、過酷《かこく》な税の取り立てと政治の乱れから逃れて、満州へ入る朝鮮人が急増しています。

本格的な朝鮮人の移民は日露戦争以後のことで、満州国建国のときには、すでに63万人が居住し、1940年以後には120万人と人口は倍増しました。

満州事変の頃には、すでに朝鮮半島は日韓合邦の時代となっていましたが、朝鮮総督府は満州への移民会社をつくり、1932年から15か年計画で35万戸（150万人）の移民計画を立てました。総督府は満鉄、東拓、三井、三菱とともに、資本金2000万円の「鮮満拓殖《せんまんたくしょく》株式会社」を設立し、15年間で75万人の移住計画を立てました。

そして1936年までに約7万人が入植し、37〜41年に3万人が入植しました。1940年の人口調査では、在満朝鮮人は総数約130万人、そのうち55万人が間島省《かんとう》（現在の吉林省《きつりん》延辺《えんぺん》朝鮮自治州に相当する）に入植しました。

漢人、朝鮮人がこぞって満州に流入したのに対し、日本人の満州入植は、1936年の二・二六事件後、広田弘毅《ひろたこうき》内閣が7大国策の一つとして、20年間に100万戸、500万人の満州移住計画を実施しようとしたものの、1945年までに27万人までに留《とど》まり、成

上の写真は近代化以前の奉天城内の全景。下の写真は満鉄による開発以降の奉天の浪速通り

功しませんでした。

この27万人のうち約5万人は軍隊に召集《しょうしゅう》され、22万人が開拓地に根を下ろしました。しかし、1945年の満州国崩壊とともに、子どもを中心とする約8万人が満州の大地に消えたのでした。

満州移民に日本人が成功しなかった理由は、多くの原因がありました。最後の満鉄総裁・山崎元幹《やまざきもとき》はその理由として、①ナショナリズムの思想（侮日行為）が横行し、日本人の土地の取得が困難だったこと、②労働賃金が日本より安かったこと、をあげています。

それからこの2点に付け加えて、中国本土における過剰人口の問題もその理由の一つに挙げられるでしょう。

日本の満州移民は、いなごの大群のように年間100万人前後も押し寄せる漢人の流民に負けてしまったのです。日本自身の移民計画が頓挫《とんざ》してしまうほど、漢人、朝鮮人があふれているのに、さらに日本が「強制連行」する必要などどこにもなかったのです。

王道楽土だった満州国

儒教《じゅきょう》的中華思想の「王道」と仏教浄土思想の「楽土」を理念とする王道楽土は、中国で古来求められてきた理想のユートピア世界でした。

そして、さらに民族協和という多民族社会の共存共栄思想、近代産業社会と法治国家の建設という近代思想が融合されたのが満州国でした。このことは建国に際して世界に向けて公約した次の３項目からもうかがい知ることができます。

（1）現有の漢・満・蒙および日鮮各族を除くその他の国人で、永久に居留を願う者もまた、平等の待遇を得ることができる。
（2）王道主義を実行し、必ず境内一切（国内すべて）の民族を幸福にさせる。
（3）信義を尊重し、つとめて親睦《しんぼく》を求め、およそ旧有の国際法の通例は尊重する。中華民国以前の時代に各国と定めたところの条約、債務のうち、満蒙新国家領内に属するものは、国際慣例に照らして継続・承認する。

満州国では、このような理想的方針を、関東軍を含む政府指導部がかたくなに守ろうとしていました。この若き国家は、人々の理想と情熱の結晶《けっしょう》のようなもので、中国はもとより、他の国にはなかなか見出しがたい清廉《せいれん》さが、じつに際立っていました。

建国の理念は、「順天安民《じゅんてんあんみん》」「王道主義」「民族協和」「門戸開放《もんこかいほう》」の4つでした。「順天安民」（天にしたがって民を安んじる）と「王道主義」（仁義や道徳によって国を治める）は儒教思想からくるもので、元号とした「大同」も同様でした。「王道主義」は、民族主義が世界の一大潮流になる以前、中華帝国の正統主義原理でした。麻《あさ》のごとく乱れた当時の中国情勢のなかで、多くの人は王道楽土を求めていたのです。

また、当時の中国では民族・民権・民生の三つの主義を唱える「三民主義」が主流となり、それに対抗する「マルクス・レーニン主義」も台頭《たいとう》していました。それらの勢力に満州国が対抗するには「王道楽土」しかなかったともいえます。

一方、「民族協和」と「門戸開放」は必ずしも儒教に基づいてはいません。「門戸開放」は当時のアメリカの影響があったものと考えられ、むしろ新時代を切り開こうとの意気込みを感じさせる理念です。

というのも、当時のアメリカは、19世紀末からの列強による中国分割に出遅れ、機会均等などの門戸開放を提唱していました。そして、近代国家をめざす満州国は、当然ながら東アジア伝統の鎖国《さこく》国家になるつもりはなかったし、また、門戸開放は、孤立から脱却《だっきゃく》するために必要不可欠の条件でもありました。

ただ、その後の国際情勢の変化により、日本の「惟神の道《かむながら》」（神の御心のままであることの道）の神道思想、さらに「日満《にちまん》一体」「大東亜共栄圏」といった日本思想をベースにした国家理念へと推移していきます。

このように満州国の国家建設、国民統合の理念は不安定さがありましたが、それでも戦乱の中華民国に比べれば、国民生活ははるかに安定しており、「王道楽土」が実現しつつありました。

また、1932年には「王道楽土」「民族協和」の建国理念を広く国民の間に定着させるため、協和会が結成されています。名誉総裁には皇帝溥儀、名誉顧問には関東軍司令官が就任しました。

会員は1934年に30万人、38年には100万人、44年には人口の10分の1に当たる430万人にふくれあがり、官民一体の王道楽土建設運動が推進されていきました。

日本が満州で行った重要な功績は、次の6つが挙げられます。①匪賊《ひぞく》、張学良軍閥の駆逐と治安の回復、②法制度の確立と推進、③貨幣《かへい》の安定と財政再建の成功、④満鉄と都市港湾のインフラ整備、⑤農業の開発、⑥鉱工業などの資源開発です。

建国前の満州は、匪賊が跋扈《ばっこ》する土地であり、張作霖・張学良親子による住民搾取《さくしゅ》の暗黒社会でした。匪賊出身の張作霖と息子の張学良による軍閥時代の満州の財政状況を見ると、歳入は1億2100万元、歳出は1億4800万元で2700万元の赤字であるのに、歳出の80パーセントが軍事費にあてられていました。

また歳入の大部分はアヘン税、塩税が中心で、不足分は恐喝《きょうかつ》、没収、資産家の誘拐《ゆうかい》などによる個人財産の強奪《ごうだつ》で補《おぎな》っていました。それでも不足する場合、農産物、畜産物にまで課税し、さらには5年先の税金まで徴収することもありました。

満州には金鉱や砂金が豊富で、山人参《やまにんじん》も豊富に採れたため、これらを採集したり、ケシを密作することが流行しました。こうして漢人が蓄えた財産を狙ったのが匪賊集団でした。

そもそも満州の住民は原住民を除けば、全員が馬賊、匪賊とその家族、子孫でした。農民も生活に窮《きゅう》すれば馬賊の群れに加わり、周辺の農村を襲撃していました。また、匪賊と兵士は、匪賊が夜、略奪を行うのに対し、兵士は昼間に公然と略奪を行うという違いしかなく、同質のものでした。これは満州だけでなく、漢人社会の特徴です。

満州建国当時にいた匪賊の数は36万人とも300万人ともいわれています。関東軍はこれら匪賊を平定し、張学良を駆逐し、警察制度を確立して秩序を取り戻しました。この軍閥、匪賊社会をわずかな期間で一挙に近代社会につくり変えた功績は、近代アジアにおける歴史の奇蹟《きせき》として銘記《めいき》されるべきでしょう。

満州では張作霖父子にかぎらず、各地の軍閥のほとんどが独自の通貨を濫発《らんぱつ》して民衆を搾取していました。たとえば湯玉麟《とうぎょくりん》支配下の熱河省では、同省政府が経営する熱河興業銀行が1926年から3回にわたって異なる熱河票《ねつかひょう》を発行し、そのたびに以前の紙幣を無効にして民衆の財産を収奪《しゅうだつ》しました。

満州建国直後に設立された満州中央銀行が、公私各種の旧金融機構から継承した紙幣は幣種15種、券種136種に上っていました。

1932年6月に貨幣法と満州中央銀行法に基づき、満州国政府による資本金3000万円の全額出資で満州中央銀行が設立され、張作霖、張学良時代の4つの発行銀行の資産と負債が継承されました。

翌年9月の「ロンドン・タイムズ」は、「外来の訪問者は過去1か年に満州国の財政上の迅速《じんそく》な進歩に驚くだろう。通貨は安定した。一文の値打ちもない旧軍閥の兌換《だかん》紙幣の洪《こう》水《ずい》に悩まされてきた満州国にとって、これだけでも計《はか》りしれない恩恵だ」と報じています。

また、満鉄はその沿線にいくつもの近代都市を建設し、道路、電気、上下水道、ガス、衛生施設、市場、公園、競技場などの公共施設を普及させ、満州を繁栄させていったのです。

国民党と共産党が奪い取った満州遺産

アヘン戦争以後、大東亜戦争終結まで、欧米、日本、ロシアなどの列強諸国の侵略を受けてきたから中国は貧しい国に転落した、とほとんどの中国人が信じています。

しかし、近現代史を客観的に見るなら、日本をはじめとする列強諸国が中国に近代産業を建設し、近代社会システムをもたらし、多大なる貢献をはたしたというのが史実といえます。

20世紀前半の中国では、近代文明の恩恵に浴していたのは外国のための開港地か列強の

1919年に稼働した「鞍山製鉄所」。満鉄の出資で造られ、満州の重工業を支えた

最高時速130キロで満州の地を駆け抜けた「あじあ号」

租界《そかい》だけでした。そこから10キロでも奥地に入れば、ほとんどが2000年前の古代と変わりない、カオスの原始中国社会でした。

そうした中でもとりわけ、五族協和をめざし日本が心血《しんけつ》を注いで近代化建設を進めてきた満州国は、めざましい発展を遂げていたのでした。

毛沢東は終戦直前の1945年4月、延安《えんあん》での中国共産党七全大会でこう述べています。

「もしわれわれがすべての根拠地を喪失しても、東北さえあればそこで中国革命の基礎を築くことができる」

この「東北」とは満州のことです。そして戦後、国民党も共産党もわれさきにとこの豊かな土地を取りに行き、熾烈《しれつ》な戦いを繰り広げました。

大東亜戦争末期の1945年8月9日、ソ連軍が日ソ中立条約を破って満州になだれ込み、推定60万人とも70万人ともいわれる日本人をシベリアに連行し、満州各地にある重要産業施設を戦利

若き日の毛沢東

品として略奪し、本国に搬送《はんそう》しました。アメリカ・ボーレー調査団の報告によれば、それは約8億9500万ドルの巨額にのぼったといいます。

ソ連軍の後に続いて、あたかもハゲタカのように満州を襲ったのが、国民党軍と共産党軍が展開した国共内戦でした。

ソ連軍が満州に侵攻しはじめた翌日、中国共産党も満州占領を指令しました。当時、満州の重工業の生産高は全中国の約90パーセントを占めており、事実上中国の生命線だったのです。共産党軍はソ連軍と入れ替わるかたちで各地からぞくぞくと満州に侵入し、10月には国民党も進駐してきます。

初期の戦闘では米式装備の精鋭部隊を投入した国民党軍が優勢で、共産党軍は一時、鉄道沿線都市から農村、さらに山林へと撤退しますが、やがて反撃に出ます。このように、本格的な国共内戦は満州国の遺産をめぐって開始されたのでした。

1946年1月10日、国共内戦は一時停戦したものの、2月上旬、再び戦闘が開始されました。3月、ソ連軍が満州から撤退し、接収した関東軍の兵器が共産党軍に渡され、6月になり全国的規模の内戦が再燃します。

そして同年7月から翌47年6月までの1年間で、共産党軍の優勢に変わっていきます。

共産党は同年8月、東北野戦軍を編成し、10月以降の長春《ちょうしゅん》、瀋陽《しんよう》などの攻防戦で次々と勝利を収め、満州はほぼ共産党の手に落ちました。

49年2月の林彪《りんぴょう》らによる党中央軍事委員会への報告によると、殲滅《せんめつ》した国民党軍は40万人以上で、共産党軍の死傷者は6万人となっています。厖大《ぼうだい》な民衆の被害状況は算出することができません。中国人同士の空前の殺し合いだった国共内戦により、満州は中華世界に組み入れられることになったのです。

こうして1949年に成立した中華人民共和国は、ソ連の援助によって社会主義国家建設の道を突き進みましたが、じっさいにはむしろ中国を侵略した列強の遺産、ことに満州国に残された日本の手による偉大な近代化の遺産で食いつないでいました。

満州の地は、中華人民共和国が誕生すると、西部は内モンゴル自治区などに編入され、吉林、黒龍江、遼寧の各省はそのまま残して、この3つの省を「東三省」としました。

東三省の総面積は78・7万平方キロで、113・3万平方キロだった満州国より減少しましたが、それでも全国の約8・2パーセントを占めています。人口も1985年末で9285万人であり、全国の8・9パーセントを占めています。

もし東蒙《とうもう》（呼倫貝爾盟《ホロンベルメイ》、興安嶺《こうあんれい》、哲嶺《てつれい》、赤嶺《せきれい》）を含むいわゆる東北経済圏（旧満州）を見るなら、総面積は124万平方キロで全国の12・9パーセント、人口は1億500万人で、同10パーセント前後を占めます。

旧満州は戦後、ソ連の略奪や国共内戦で一部破壊されたものの、その後も中国におけるもっとも先進的な地域であり、主要な工業基地であり続けました。一人当たりの工業生産額は中国6大地区では常にトップを独走してきました。

この地方の産業を支えてきた鉄道を主とする高密度な交通網は、ほとんどが満州国時代、満鉄によって建設されたものにほかなりません。豊富な自然資源、発達した交通網と科学技術力をもち、鉄鋼、エネルギー、機械製造、林業、食糧の基地として、中華人民共和国を支え続けたのです。

しかし、1960年代以降、中国共産党は東北の富を収奪することに熱心となり、東北は重化学工業基地、資源供給基地としてのみ機能するよう命じられ、付加価値の高い産業は認められませんでした。

しかも国営企業が中心で、収益のほとんどを中央政府に上納し、売上からも高い税金が巻き上げられるため、企業内留保不足に陥り、再投資ができず、産業の発展に停滞をきたすようになりました。東北でいくら収益を上げても結局は北京中央に吸い上げられ、東北は没落の一途をたどっており、それは「東北現象」と呼ばれています。

今日の改革開放路線は、すでに満州国の遺産を食いつぶしてしまった中国が近代化を図るため、経済先進国の資本投資と技術に頼ろうとするものです。

消えたアジア近代国民国家のモデルと夢

人類史上どこを探しても、20世紀初頭に東アジアに突然生まれた満州国ほど素晴らしい国家はありませんでした。しかし、同時に満州国ほど戦後の中国政府から「地獄」などと言われて、糾弾《きゅうだん》されたところもありません。

満州国の歴史だけを見ても、中国がどれほど歴史を歪曲《わいきょく》し捏造《ねつぞう》しているかがよくわかります。アーサー・スミスが不朽《ふきゅう》の大著『支那人の性格』の中で、「支那人は曲解の名人」と語っています。

満州の歴史的な価値を考えるとき、中国の雲貴《うんき》高原と比較すると理解しやすいかもしれません。

雲貴《うんき》高原は日本人にはあまりなじみがありませんが、満州とは意外に共通点があります。

まず両地区は中国の東北と西南の辺境であり、19世紀から20世紀にかけて大量の中国人流民が流れ込んでいます。しかし、近代市民社会としての発展は、まったく対照的です。

雲貴高原にはもともとそれほど多くの漢人は居住していませんでした。17世紀の明《みん》の時代における貴州《きしゅう》省の漢人は人口の1、2割で、広西《こうせい》省でも2割を占める程度でした。漢人の侵入が本格化するのは清の時代、18世紀前半の「改土帰流《かいどきりゅう》」政策によってです。この政策は、元、明以来から行われてきた西南諸地域の内地化政策である土司、土官（その土地の長に官職を与えて土民の統治を許したこと）を廃止し、朝廷派遣の官僚が代わって統治を行うというものです。

その結果、19世紀から20世紀初めにかけての広西省では、漢人が6割を占めるまでにいたりました。

漢人と苗《ミャオ》族をはじめとする非漢民族の居住形態は「民蛮雑処」「漢苗雑処」などといわれ、苗族が山に住み、漢人が町に住む棲《す》み分けが行われていました。列強諸国がアジアに進出して植民地を各地でつくっていたのと同じころ、漢人は積極的に非漢民族の土地に侵入して土地を奪い、地主となって小作農に転落した非漢民族を搾取していたのです。

そこで非漢民族による民族紛争や反乱が各地で発生しましたが、その代表的な一つが、

18世紀に繰り返し起こった「苗乱」でした。これは立派な反植民地闘争でした。

雲貴高原は自然に恵まれた豊かな土地ですが、今日にいたっても中国人はインフラさえ建設できないでいます。それどころか大量に流入した中国人によって大自然は荒らされ、大地が食いつぶされているのです。日本人が建設を担った満州国とは対照的です。

日露戦争前、満州は欧米の学者から未開の宝庫として注目されていました。それは、まさに開拓前の新大陸アメリカに似ていたからです。緯度から見ても、奉天《ほうてん》はシカゴ、大連《だいれん》はボルチモア、ハルビンはモントリオールと同じ位置であり、風土も開拓以前のアメリカ大西部に似ていました。

この地は、歴史的にも地理的にも「アジアのアメリカ」として未来の可能性が非常に大きかったのです。

もしも満州国が今日まで存続していたら、中華世界はすっかり変わっていたに違いありません。豊富な資源と日本からの資本や技術の移転により、少なく見ても日本と並ぶ、場合によっては日本をも超える力を持つ近代的多民族国家が東北アジアに出現していたかもしれないからです。今も残る満州国13年半の遺産がそれを物語っています。

戦後アジアの新興国はすべてが多民族国家です。ベトナムやミャンマーでは50以上もの民族が暮らしているし、フィリピンやインドネシアはそれ以上の民族がいます。中国も55以上の多民族を抱える複合社会です。「民族協和」をめざした満州国は、まさにアジアが追い求める最高の国家モデルであり、その崩壊はアジアの理想、夢の崩壊でもありました。満州国は「第2のアメリカ合衆国」をアジアに打ち立てることができるかどうかという大きな実験でもあったのでした。

中華民国も、もともとはアメリカ合衆国をモデルに樹立された共和制国家でした。しかしそれは見事に失敗し、複数の政府が乱立する戦乱国家に陥りました。そのもっとも大きな理由は、2000年来の「一君万民」の伝統が重くのしかかっていたからでしょう。共和制、連邦制への理解が不足していたのはそのためであり、武力による統一をめざして政争、内戦を繰り返してきました。

しかし、満州の地は4000年来、中華世界の外にあったことから、多民族国家の歴史的経験を持っていました。満州国がアメ

2008年3月、中国のチベット自治区ラサ市において、チベットの独立を求める暴動が起こった
（ロイター／アフロ）

リカ合衆国と非常によく似ている点は、豊富な資源と未開発の地域がたくさん残されていたこと、そして諸民族統合の新しい移民植民の地であったことです。

満州国は産声《うぶごえ》をあげてからわずか13年半にして大日本帝国の敗北とともに崩壊しました。建国の理想であった「王道楽土」を築いた満州国は、戦乱と飢饉《ききん》の拡大と繰り返しによって絶望の淵《ふち》に追いやられていた中国人にとって、最後の駆け込み寺であったのです。年間100万人余りの流民が万里の長城を越えて、満州に流入したことが何よりの証拠です。

満州国という多民族共生をめざす「北東アジアの合衆国」の喪失《そうしつ》は、戦後のアジアにおける新興多民族国家モデルの喪失でした。大いなる試みは幻《まぼろし》と化しました。

中国では現在もなお漢人と少数民族（非漢人）の対立、弾圧が続き、大規模な暴動が毎年何万件も起きています。今日にいたってもなお、中国では多民族共生が不可能であり、これを武力で統一しようという、前近代的な中華帝国の亡霊が東アジアの大地にさまよい続けているのです。

第4章 日中戦争は日本の侵略ではなかった

日本に「支那討つべし」の感情が高まったのはなぜか

本章のテーマである「日中戦争の真実」に入る前に、これまで第1章から第3章まで述べてきた日中間の歴史の流れを、簡単に振り返っておきましょう。

日本は明治維新以来、強国のヨーロッパと対等になろうと、政治や社会全体の改革に取り組み、1895年、西欧のおおかたの予想に反して清《しん》との戦争に勝利するまでになりました。

一方、戦いに負けた清朝では、反日どころか日本に学ぼうという気運が高まり、清の朝廷では改革の試みがなされ、日本へ留学する人も増えました。日本でも、一部には「中国侵略」をたくらむ有力者はいましたが、それよりも「中国を守ろう」（支那保全《しなほぜん》）「中国を目覚めさせよう」（支那覚醒《かくせい》）という人のほうが圧倒的に多かったのです。

1900年には、清朝で義和団という民衆組織による反乱が起きましたが、日本軍もヨーロッパ列強の派遣軍とともに首都北京の秩序安定に貢献し、清朝から支払われた賠償金を放棄して、清朝の文化事業を支援しました。

そして1911年、辛亥革命で清朝が倒れ、新しい中国政府がつくられますが、この頃にも犬養毅《いぬかいつよし》をはじめとする日本の有力政治家が中国政府を助け、頭山満《とうやまみつる》らが中国革命の父、孫文を支援していたことは有名です。

清朝が倒れた後の新しい政府である中華民国政府が、近代国家としての責任ある政権として機能していれば、日本と中国とが戦火をまじえるようなことはなかったかもしれません。結論から言えば、中国の混乱が日本を誘い込んだといえるでしょう。

「混乱」は、国のリーダーとなる実力者が長続きせず、次々と現れては消えていき、いくつもの「政府」ができるという異常事態に原因があります。

革命後、臨時大総統となった孫文は、北洋軍閥の最高実力者である袁世凱《えんせいがい》を中国のワシントンと礼賛《らいさん》し、すぐにその座をわたしますが（南北和議）、時代を読み間違えて皇帝になろうとした袁世凱は、近代国家の代表者となるような人物ではなく、国内から強い反発を受けるなか急死します。

袁の死後、北京政府は立て直されますが、袁以後の政権が安定することがなく、広州で孫文を中心とする広東政府がつくられ、南北対立状態になります。

その後は、まったく国といえる状態でなく、自分の軍隊を持つ地方の実力者（軍閥）が勝手に政府をつくり、国民党内でも、武漢や南京に別の政府を樹立し、それぞれが対立し合い、どの政府も「自分こそ全中国を代表する」と主張するのですが、じつは国家や政府としての責任など負えなかったのです。これではいったい日本政府として、どの政府、誰を中国の代表として話ができるでしょうか。

1918年、寺内正毅《てらうちまさたけ》内閣のもとで、日本は北京政府に2億円という巨額の資金援助(西原借款《にしはらしゃっかん》)を送りましたが、これは借款《しゃっかん》、つまりお金を貸したものでした。しかし、これはまったく返済されず踏み倒されました。この借款踏み倒しをはじめ、約束不履行《ふりこう》などは数えきれません。この事実がだんだんと日本人のいらだちを招きました。

そして「つくられた反日」運動も、日本人に不快感を与えました。1915年、日本政府は、共和制から帝制をめざす袁世凱に対して二十一か条の要求を行います。この要求が日本の中国侵略を意図したものだとして、中国で反日運動が巻き起こりました。現在、「対華二十一か条要求」は日本の中国侵略の代名詞にまでなっていますが、じつはこれは事実誤認にほかなりません。

袁世凱に求めた二十一か条は、日露戦争後、ロシアが持っていた満州の領土や権利を日本が受け継ぐことや、土地の租借の期限延長などを、皇帝になろうとしていた(共和制から帝政に）袁世凱に対し、再確認し、求めたもので、当時としては決して理不尽《りふじん》な要求ではなかったのです。

あたかも日本だけが悪者のようにされた「反日運動」とは、袁世凱を倒すための勢力が使った手段だったのです。これは昔も今も変わらぬ中国の伝統的大衆運動の定番です。

歴史上では日中戦争のきっかけとなったとされる満州事変後も、当時、内戦を勝ち抜いてきた二大勢力、国民党と共産党との争いで、劣勢にまわった共産党がなんとか勝ち残る手段として、反日や抗日を利用しました。

「先に国内を安定させ、後で外国勢力を追い出す」（つまり共産党をつぶすことが先決）という蔣介石（国民党）に対し、後のない共産党は「蔣介石に抗日を迫る」（つまり、外敵・日本を共同で追い出そうと持ちかけ、当面の生き残りをはかる）という戦略に出ました。

共産党のこの策略は功を奏し、1936年、張学良らが西安《せいあん》で蔣介石に内戦停止を迫り、翌年国民党と共産党との抗日共同戦線（国共合作）が決まりました。終戦後、内戦は再び始まりますが、最終的に共産党が勝ち、結局、現在では1931年9月18日の柳条湖《りゅうじょうこ》事件は「九一八国辱《こくじょく》記念日」として、「日本の侵略と戦って勝った」というウソをアピールして中国共産党の正当性を国民に確認させる国家記念日にされています。

当時、東アジアで唯一の強国となった日本には、東アジアを平和に導く使命がありました。それは、ほかのヨーロッパ強国も同様であり、世界の秩序安定のために軍事介入をするのはまぎれもない使命でした。日本は辛亥革命以前からこの道義的責任を果たそうとしてきたのです。

事実、日本軍は近代国家の軍隊として、内戦にあけくれる、ほとんど盗賊集団のような乱立する軍事集団を蹴散《けち》らしながら、占領地では平和と安定の建設に努めてきました。中国に近代国家として信頼に足る政権ができることは日本の願いであり、それによって東アジアは欧米の強国と対等になれるのです。

にもかかわらず、中国では反日や侮日が内部抗争の道具にされ、さらには1927年に蔣介石の北伐軍が南京《ナンキン》で日本をふくむ外国領事館を襲い死者を出した南京事件、1928年に山東省の済南《さいなん》で蔣介石軍に日本人居留民12人が虐殺された済南事件など、じっさい日本人が犠牲《ぎせい》となる事件が多発しました。

こうした事態に対し、東アジアの安定を願っていた当時の多数の日本人が、強国としての誇りをもって、「支那《しな》討《う》つべし」と義憤《ぎふん》にかられたことは想像にかたくありません。

盧溝橋事件を仕掛けた犯人は誰か

盧溝橋《ろこうきょう》というのは、北京中心地から西南に車で1時間程度のところにある、永定河《えいていが》にかかる歴史ある石橋です。13世紀、この地を訪れたマルコ・ポーロが、その石橋の美しさを絶賛したことでもよく知られています。そして、この地は、北京を守る大事な地点で、1937年、混迷を深める中国情勢のもと、義和団《ぎわだん》の乱（北清事変《ほくしんじへん》）後の国際条約により、治安維持軍として日本の支那駐屯軍第一連隊が駐屯《ちゅうとん》していました。

前年には、西安事件により国共合作が合意され、ほぼ日本VS中国という情勢となり、軍事的な緊張が高まっていましたが、日本側はこれ以上、戦争を拡大しないという「不拡大」の方針を打ち出していました。というのも、さらに日本の兵力を投入すると長期戦になり、中国側の軍との戦闘にあけくれているすきをねらって、ソ連が南下してくる心配があったからです。

ところが、7月7日の夜、盧溝橋の駐屯軍に数発の銃弾が撃ち込まれたのです。日本軍は「不拡大」方針に基づき、応戦しませんでした。日本軍への銃撃は翌朝にも何度も行われ、それに対してようやく付近の中国軍（国民党の国民革命軍）に攻撃を加えました。これが盧溝橋事件のすべてです。

この事件の真相は、いまでも十分に解明されていません。戦後、私が小中学生のころの台湾で使われていた中華民国歴史教科書では、盧溝橋事件は、日本が本格的に中国侵略を始めた事件で、日本軍が起こしたものであり、それに対し、中国人民がもう我慢できなくなって抗戦したとされていました。

中国ではもちろん「日本帝国主義が中国侵略を全面的に開始するために起こした事件」だと教えており、日本国内でもそれに同調する主張があります。しかし、これがはたして歴史の真実なのでしょうか。事実の経緯を振り返ってみましょう。

盧溝橋での発砲事件をきっかけに日本の陸軍では、戦況の「不拡大」か「拡大」かの論争が起きました。「不拡大」を主張するほうは、満州国の経営に力を入れて、最大の脅威であるソ連の南下を防ぐべきだという考えでした。

一方、「拡大」を主張する側は、ここで強く反撃しないと日本国内の「支那討つべし」の世論がさらに大きくなり、中国の反日感情をさらに悪化させるというものでした。もっとも、この拡大論も盧溝橋で起きた軍事衝突での対応であって、決して中国との全面戦争を主張したものではありませんでした。

盧溝橋での発砲事件は、小競《こぜ》りあい程度のもので、それ以前にも、前述の南京事件や済南事件など、日中全面戦争に発展してもおかしくない大事件が起きています。

しかし、このような大きな事件が起きても停戦協定が結ばれ全面戦争にはいたらなかったのです。ましてや盧溝橋事件程度であれば全面衝突は避けられたはずです。

過去の大事件で全面戦争にならなかったのは、蔣介石が、日本と戦ってもほとんど勝ち目がないと考えていたからです。

一般庶民の日常生活をとってみても、当時の日本と中国とでは大きな格差がありました。それを知っている蔣介石は、日本人に学ぶ「新生活運動」を推し進めていたくらいです。たとえ国共合作になっても、蔣介石にとって最大の敵は共産党でした。

では、なぜこの盧溝橋での小競りあいが日中全面戦争にまで発展したのでしょう。その背後にはソ連の世界戦略がありました。盧溝橋事件の直後、モスクワの世界共産党国際組織である「コミンテルン」で幹部会議が開かれ、中国共産党に「局地解決を避け、日中全面戦争に導け」という指令を発したのです。つまり、盧溝橋での発砲事件だけで終わらせず、全面的な戦争に拡大するように画策《かくさく》せよというわけです。

コミンテルンは日本軍、そして蔣介石の軍を徹底的に消耗《しょうもう》させ、中国に共産党政権を打ち立て、日本が戦争に負けたら日本革命を起こして共産化しようという戦略を持っていたのです。

事件の翌日、日本軍、中国軍とも事態を把握できていないとき、中国共産党は全国に「日本軍が攻撃を開始した」と電報を送り、国共合作ですべての軍事力をもって日本軍を攻撃しようと呼びかけています。この手際のよさから見ても、最初の日本軍への発砲が共産党のしわざであったことは間違いありません。

昭和史最大の謎の一つとされる盧溝橋事件の真相はいまだ解明されていませんが、解明されていないというより、現在の共産党中国が真相を絶対に認めないであろうことははっきりしています。

2日後の7月9日、現地で停戦協定が結ばれましたが、それが守られることはなく、中国軍からの攻撃が始まり、戦火は北京、そして天津《てんしん》へと広がっていきました。蔣介石は手をこまねいているわけにいかず、8月に入って中央軍を上海に送り、上海の日本軍を攻撃し、空爆を行いました。

そして8月12日、蔣介石は大本営を設置して、陸海空三軍の総司令官に就任し、全面戦

日中戦争における日本軍の進路

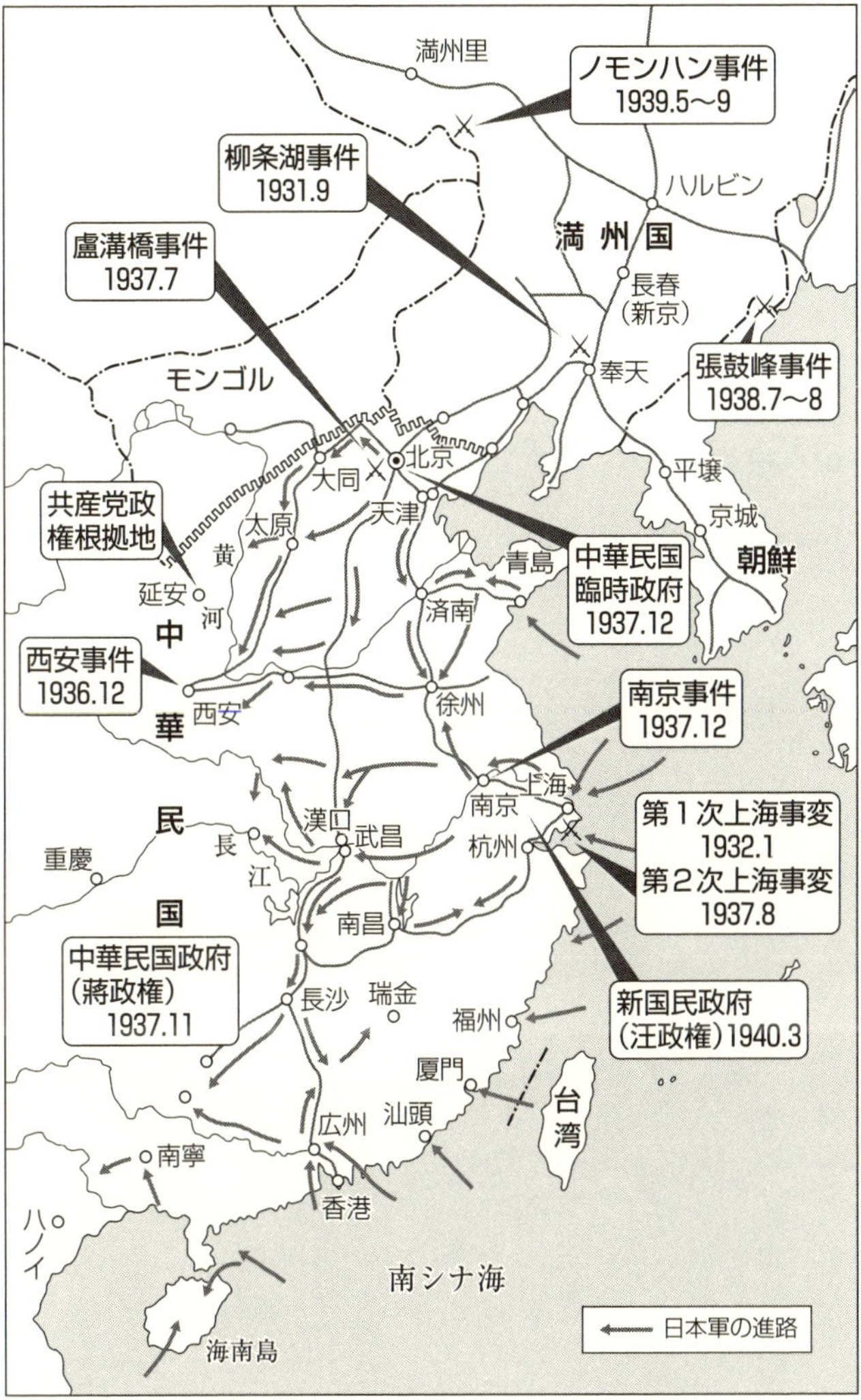

争に備え、国民党の長老であった汪兆銘《おうちょうめい》もやむなく対日戦争に同意しました。

しかし、その反面、蔣介石は共産党指導の大衆運動に対する弾圧の手はゆるめず、共産党も武力闘争を続けていました。国民党と共産党との正式な合作ができたのは、その年の9月になってからです（第二次国共合作）。

一方、全面戦争を望んでいない日本軍では、「不拡大」方針に基づき、地域を限定した短期決戦に臨み、7月末には北京を平定し、9月に河北省保定《ほてい》を占領し、11月20日には上海を陥落させます。しかし、このあと日本軍は泥沼の中国戦線へと誘い込まれてしまったのです。

日本が戦った本当の相手は誰なのか

盧溝橋事件後、宣戦布告もないままに事実上中国との全面戦争に突入した後も、日本は中国での戦況拡大には消極的でした。

各地で攻撃を加える中国軍に対し、日本で大本営（大日本帝国陸軍、海軍の最高統帥《とうすい》機関）が設置されたのは、盧溝橋事件から4か月もたったこのころのことでした。日本軍は

11月5日に杭州湾《こうしゅうわん》に上陸し、上海派遣軍とあわせて中支那方面軍を編成し、敗走する中国軍を追って、当時の首都、南京に攻め込み、12月13日、占領にいたります。

蔣介石は11月の段階で、国民政府の首都・南京を死守する気などまったくなく、奥地の重慶《じゅうけい》に首都を移すことに決め、日本軍が迫ってくる前に南京を脱出してしまったのです。蔣介石は「徹底抗戦」を口にしていましたが、それがいかに建前だけであったかがよくわかります。

現在の中国は、このとき南京を占領した日本軍によって南京市民30万人が虐殺されたと主張しています。いわゆる「南京大虐殺」ですが、これがまったくのウソであることは、後述します。

日本軍はこうして中国軍への反撃をしつつも、日本政府は停戦・和平への道を探り、南京陥落後の12月26日、ドイツ政府を通じて蔣介石に和平を呼びかけます。しかし、蔣介石にその意志がまったくないと見て、業を煮やした日本政府の近衛文麿《このえふみまろ》内閣は、

近衛文麿

翌年1月に「国民政府を相手にせず」という声明を発表しました。

この近衛声明については、戦後、「蔣介石の政府を否認したために、和平交渉の可能性をなくしてしまった」とか、「日本はおごりたかぶっていた」「稚拙《ちせつ》な外交だった」などといった批判がされましたが、これは当時の実情を見ていない誤った見解と言わざるをえません。中国がいくつもの政府が乱立する状況であったことはすでに述べたとおりで、蔣介石政権でなくても「相手」はほかにいくらでもあったのです。

これは戦後の歴史教育の問題点ですが、日中戦争というと、オール・ジャパンとオール・チャイナが戦争をしたように思われています。

しかし、これまで見てきたように、当時の中国は分裂状態で、いくつもの政府が乱立していました。

そして、日本が戦ったのは蔣介石の国民党軍です。共産党軍も国共合作で抗日戦争を戦っているという建前でしたが、ほとんど

日本軍国主義のおかげで私たちは政権を取ることができました
毛沢東

自分たちは日本軍との戦闘を避け、もっぱら国民党軍に当たらせて両者の消耗《しょうもう》を狙っていました。

じっさい、１９６４年に社会党の佐々木更三《さささきこうぞう》委員長が訪中し、毛沢東との会談で日中戦争のことについて謝罪したところ、毛沢東は「謝ることはない、あなたたちのおかげで、われわれは政権を取ることができたのだから」と言っています。

しかし、現在の中国共産党は、あたかも自分たちが日本に勝利したかのようなウソを中国人民に教えています。

それはともかく、37年12月の南京陥落後、中国はおおまかに言って、日本の占領地、蔣介石政府の国民政府地区、そして毛沢東の共産党地区との３つに分かれていました。そのうえさらに、国民党の内部も再び分裂し、汪兆銘《おうちょうめい》は、蔣介石をみかぎった日本が発表した「東亜新秩序声明」（日本主導による東アジアの安定を呼びかける声明）に応じる形で、重慶《じゅうけい》の国民政府から脱出して、38年、日本をバックとした南京政府を打ち立てました。

汪兆銘
（写真：「新生中国の顔」アルス）

その後、日本は和平への道を探り続け、国民党の悪政に苦しめられている地方政権と和平提携を結びます。たとえば、「冀東《きとう》防共自治政府」「察南《さつなん》自治政府」「晋北《しんぼく》自治政府」「モンゴル聯盟《れんめい》自治政府」などで、これらの政権はすすんで日本との提携に応じ、1939年には「察南」「晋北」「モンゴル聯盟」が統合されて「モンゴル聯合《れんごう》自治政府」が成立します。

このころの中国には、日本をバックとする汪兆銘の南京政府、イギリス、アメリカの支援を受ける蔣介石の重慶政府、ソ連の後押しを得た毛沢東の延安《えんあん》政府という、有力な3大メジャー政権が存在しました。

1940年代になると、それぞれの国の代理戦争として、あたかも三国志演義《えんぎ》のような内戦を展開し、それに日本軍が加わるという情勢になっていました。歴史ではこの時代を「日中戦争」といいますが、日本VS中国といった2つの国の戦いなどとは言えないことがわかるでしょう。

当時の状況を兵力から見てみると、日本軍がいかに強かったかがわかります。盧溝橋事件以前の中国は、兵員数が210万人で、ソ連の100万人をぬき世界第1位でした。日本軍は25万人でしかなく、世界第8位でした。しかも、中国には正規軍のほかに、さまざまな非正規軍がありました。

たとえば、労働組合がつくった工団軍、商会の商団軍、警備軍、武装警察、農民の自治警備隊、秘密結社の武装集団、匪賊のような武装組織など、その数ははるかに正規軍を上回っていたのです。

つまり、村落レベルでもしばしば水や土地をめぐって闘争があり、匪賊の襲撃もあったので、村社会で武装する必要があったのです。主に余剰人口が原因で生まれた匪賊集団は、その人数が約2000万人ともいわれ、こうした組織の中には地方軍閥にまで成長するものもありました。張作霖はその代表例です。

しかし、日本軍は、盧溝橋事件以後、わずか1年3か月の間に、河北、華南、チャハル、綏遠《すいえん》、山東、山西、安徽《あんき》、浙江《せっこう》、湖北、広東の広大な地域を占領してしまいます。中国軍はほとんどゲリラ戦で応じるしかありませんでした。数字の上での兵力の差にもかかわらず、日本がかくもやすやすと「侵略」できたのはなぜでしょうか。

もし、世界一の兵力のある中国がすべて団結して抗日にあたれば、もちろん日本に勝ち目はありません。つまり、どの勢力も、自分の組織、自分の軍隊や政権の温存《おんぞん》こそ、抗日より大事だったからです。

しかも、言論界をリードすべき知識人も、口では「反日」「抗日」を叫んでいても、日本軍と正面から当たろうとはしませんでした。

中国の伝統的な戦いのあり方にも原因があります。日本軍では隊長が先頭に立つものですが、中国では兵士が先頭に立たされ、指揮官は後ろにいて、後退する兵士がいれば射殺するのです。そして負け色が見えてくると最高指揮官がまっさきに逃げるのです。

蔣介石が南京をさっさと捨てて脱出したときには、その下の司令官・唐生智《とうせいち》も兵士をおいて逃げました。このように敵を前にして逃亡、投降する指揮官も多かったのです。

1911年の辛亥革命後、内乱続きの中国では、一般民衆にとって武装集団は日本軍も国民党軍も、共産党軍、そして匪賊も変わりなく、日本軍がやってきてもどこかの軍閥が来たくらいにしか思わず、日本という国の存在さえ知らない人も少なくありませんでした。

ドイツ式の装備をした
国民革命軍

日本は「中国が目覚めること」を期待して大陸に進出したのですが、期待しすぎて中国内戦の底なし沼に足をとられてしまったのです。

士気が低くボロ負け続きだった中国軍

日中戦争でのほとんどの戦闘は日本軍が勝ち、中国側の死傷者は日本軍の10倍以上でした。勇ましく「抗日」「反日」と叫んでおきながら、このボロ負け状態は、近代戦の兵器や戦術の差ばかりではなく、軍紀のなさや組織の弱さに大きな原因がありました。とくに司令官レベルの軍人がみな民族、国家に対するアイデンティティを持っていなかったことには、蔣介石ですら頭を抱えていました。

蔣介石は中国軍（国民革命軍）の欠点として、軍人たちについて「苦労に耐える精神がない」「犠牲の決心がない」「怠惰《たいだ》」「秘

青天白日旗を持った**八路軍**

密を守らず、情報管理ができない」などを指摘し、軍紀の粛正《しゅくせい》に努めたものの、無能でやる気のない参謀《さんぼう》は、つねに敗北した戦況を「勝利した」と報告していたありさまでした。

そこで「一禁九殺」と呼ばれる懲罰《ちょうばつ》法を科《か》しました。これは、「勝手に戦場を離れた者は監禁する」「戦傷と偽って逃亡した者は殺す」「ゆすりたかりを行う者は殺す」「婦女をからかう者は殺す」などの厳罰規定でした。

おもしろいことに、中国共産党軍（通称、八路軍《はちろぐん》）にもよく似た軍事規律がありました。これは「三大規律、八項注意」といい、「指揮にしたがって行動すること」「地主から没収したものを私物化してはならない」「借りたものは返す」「農作物を荒らしてはいけない」「婦女をからかわない」などの規則で、これを歌にして八路軍兵士に歌わせて覚えさせていました。

この規則をもって、共産党軍はまじめなよい軍隊だったと感心する人がいますが、日本軍にすれば小学生レベルの「常識」を覚えさせなければならないほど、中国の兵士が無法者だったというのが実態だったわけです。

対日戦にあまりやる気のない上官と、ろくな教育も受けていない兵士たちからなる中国軍の部隊には「督戦隊《とくせんたい》」という、直接戦闘には加わらない部隊がありました。

これは兵士たちをむりやり前進させるためにある部隊で、日本軍の攻撃を浴びて前進できなくなり、後ろに下がろうとする兵士に対し、威嚇《いかく》発砲したり、見せしめに射殺したりして、後退できないようにするのです。兵士たちは「どうせ殺されるなら」という悲壮《ひそう》な思いで、やっと戦っていました。

『李宗仁《りそうじん》回想録』をはじめ、督戦隊についての記録には、ある戦場で日本軍兵士が悲惨な戦死者の様子を目撃した話が記載されています。それは逃げられないように足に鉄の鎖《くさり》がつけられていた中国兵の一団でした。日本兵たちはそれを見て涙を流したそうです。

中国人の記録にも、南京攻略戦において、南京城北門付近で督戦隊が逃げてくる仲間の兵士を掃射《そうしゃ》している事実が残されています。そうした同胞に対する残酷な仕打ちによる犠牲者まで日本軍による「南京大虐殺」の犠牲者にされてしまっているのです。

さらに、中国側の死傷者が多かった原因には、戦争で負傷した兵士の処遇のひどさもありました。負傷兵はろくな治療も受けられず、歩けなければその場に放置するなどというのは当たり前のことで、逃げ遅れて死んでもそれは「自己責任」というわけです。これによって戦死者や戦病死者が増えたのでした。

日本の中国戦線における数々の「勝利」の陰には、国民党と共産党との密かな内戦状態がありました。表面上は第二次国共合作がなされていましたが、じつは両者の内戦がなかったわけではなく、日中戦争を戦いながら、むしろ来るべき国共決戦に向けての前哨戦《ぜんしょうせん》を戦っていたのです。

1938年、毛沢東は八路軍兵士に、こう言っています。

「中日戦争は共産党発展の絶好のチャンスである。われわれは全力の七分を共産党の発展のために使い、二分を国民政府との抗争に、残りの一分を抗日に使う」

そして、第一段階で国民党と妥協して共産党の生存をはかり、第二段階で国民党との勢力均衡《きんこう》を保ち、第三段階で中央に根拠地を築いて国民党を倒すというビジョンを立てているのです。

明らかに共産党は「日本帝国主義」でなく、国民党を敵としていました。じっさい、1930年代末から40年代にかけ、共産党側は、国民党から100回を超える攻撃を受け、国民党側は300回以上の攻撃を受けたと主張しています。

前述のとおり、日本の近衛内閣は1938年1月に「国民政府を相手にしない」と宣言はしましたが、これは「和平の道をみずから閉ざした」のではなく、なんとか新たな政権の樹立を支援し、それを中国の代表として交渉を続けるという意図でした。

この声明を出す前、日本政府は国交を回復することを前提として、中国のいくつかの政権と協定を結び、日本の治外法権や租界などの権益を放棄することも考えに入れつつ、中国の復興に協力する方針を決定していました。

それは、ソ連の脅威にさらされている日本にとって、満州国そして中国との和平を確立し、経済の協力関係を築かなくてはならないからでした。そのためにまず必要なのが、交渉相手としての正式な中国政府の樹立だったのです。

中国との国交回復は日本にとって急務でした。また、1938年、国家総動員法を成立させ、国力のすべてを戦争につぎ込んでいた日本にとって、これ以上戦争を拡大することは困難でした。

「八年戦争」とも呼ばれる日中戦争は、宣戦布告のないままに始まった泥沼の戦闘であり、「国民戦争」でもなければ、一方的な「帝国主義の侵略戦争」などと定義づけることもできません。

私自身は、内戦状態にある中国に日本が人道的、道義的介入を行い、相当な負担を負ったと見るほうが歴史の真実に忠実だと思っています。

1941年、日本はアメリカとイギリスに対して宣戦布告し、大東亜戦争へと突入します。日米戦争は太平洋戦争とも呼ばれます。

略奪を繰り返した中国軍、秩序回復に努めた日本軍

孫文は、「三民主義」について十数回にわたり講演を行っていますが、その中で、「中国を滅ぼすことのできるのは日本だけである」と述べたことがあります。

日本は「いつでもわが国防を破り、われわれの死命を制することができる。ただその時期になっていないために、しばらく手を動かさないでいるにすぎない。もし日本と断交したら、日本は動員から10日以内に中国を滅ぼすことができるだろう」と、日本の軍事力の強さを強調していました。

孫文の見たとおり、日中全面戦争となってから、蔣介石の国民党軍は日本軍にとうてい歯が立たず、ほとんど敗走を続けていました。

蔣介石が日本軍の攻撃で首都・南京を捨てて重慶に政府を立てた後、日本軍は国民党軍を追撃する形で内陸に向けて進撃し、1938年5月24日に甘粛省蘭州《かんしゅくしょうらんしゅう》を、6月6日には河南省開封《かなんしょうかいほう》を落とし、湖北省武漢《こほくしょうぶかん》に迫ってきました。

おそれをなした蔣介石は、6月7日、日本軍の進軍を阻止しようと、黄河の堤防を爆破させて決壊させるという暴挙に出ます。このために起きた大洪水で数十万人が犠牲になり、広大な農地や町が水害にあいました。

蔣介石は当時、自前の通信社を使って、黄河の決壊は日本軍のしわざだと発表させましたが、これは成功しませんでした。一方、日本軍は洪水に巻き込まれることもなく、避難民を救助したり堤防を築くなど復興支援をして、かえって現地からの支持、理解を得ることに成功しました。蔣介石の無謀な作戦は完全に失敗したのです。

そして日本軍は4か月後の10月27日、武漢を陥落させ、占領しました。ここで日本の大本営は、武力による進攻をいったん終え、「新支那建設」として占領した地域の復興に方向転換し、広大な占領下の都市で工業の振興につとめました。こうして日本が支援した近代工場での生産額は、全中国生産額の94パーセントに達し

武漢攻略に向かう**日本軍**

たのです。

現在の中国では、日本軍は人民を虐殺し、物を略奪した血も涙もない極悪人として描かれていますが、事実はまったく反対で、日本軍は占領地では住民の福祉を向上させることに努め、秩序を安定させ、経済を復興させようとしました。

そうすることこそ平和への近道であり、中国との安定した提携関係を築けば、日本の安定と発展につながると考えたからです。

1938年11月に、日本の近衛内閣が「東亜新秩序」ビジョンを打ち出し、日本の戦争目的が東アジアの恒久《こうきゅう》的な平和にあることを明らかにしました。国民党の長老・汪兆銘が離反して日本のバックアップのもと南京政府を設立します。

その後、国民党重慶政府から将兵が次々と汪兆銘の南京政府へ帰順し、1941年、大東亜戦争の開戦によって日本が東南アジアに怒濤《どとう》の勢いで進撃すると、翌年、重慶政府の山東省主席・孫良誠《そんりょうせい》が南京政府に帰順しました。

この時点で、南京政府に帰順したリーダー格の人物は67人、それぞれが有する将兵の数をあわせると80万人以上にもなりました。

一方、蔣介石が後方の首都とした重慶では、1000万人の難民がなだれ込み、重慶政府の統治下にある地域では大混乱となり、重慶政府の軍による「接収」という名の恣意《しい》的な略奪や、食料などの買い占めが行われ、天文学的なインフレが起きていました。

重慶側は日本軍の駐屯地（点）と鉄道など、各駐屯地を結ぶラインに対して、治安をかくらんしたり、物資などの流通を妨害したりなどのゲリラ戦法をとるしかありませんでした。一方、延安に根拠地を置く共産党は、新たに編成した新四軍を含めて7万人程度で、国民党側の軍にも遠くおよばす、当然ながら日本軍と直接会戦したことはほとんどありません。

毛沢東の兵力温存《おんぞん》方針に基づき、「形勢が不利ならば戦わない」「地形が不利ならば戦わない」「十二分の勝算がなければ戦わない」という不戦三原則をかかげ、もっぱら日本軍駐屯地近くでのゲリラ的なかくらん作戦を行っていました。

共産党が今でも「日本軍3000人を殲滅《せんめつ》した」と誇る「平型関《へいけいかん》の勝利」は、1937年、山西省の平型関という谷間で起きた事件で、日本軍の輸送隊がぬかるみに足をとられて立ち往生しているところを、たまたま遠くからながめていた共産党軍の部隊が思い切っていっせい射撃し、200人の日本兵を倒すことに成功したというのが事実で、これは会戦というより狙撃《そげき》でした。

毛沢東が掲げた共産党の「自己発展」を第一とする作戦により、1940年に入ると共産党軍の兵力は約50万人にまで増大し、国民党の部隊を攻撃、殲滅するまでになりました。重慶の蔣介石は危機感を抱き、41年1月、ついに共産党軍への武力弾圧を始め、長江下流域の皖南《かんなん》で、共産党新四軍9000人を攻撃し、8日間でほぼ壊滅させ（皖南事変）、43年には、60万の兵力を投入して、陝西《せんせい》省、甘粛《かんしゅく》省、寧夏《ねいか》省辺境の共産党根拠地を包囲し、毛沢東のいる延安にまで迫っていきました。

このように「国共合作」とは名ばかりで、蔣介石と毛沢東との激戦が、抗日戦争の裏で展開されているありさまで、非共産党系で、蔣介石の最大のライバルである山西《さんせい》省の閻《えん》錫山《しゃくざん》などは自治政府をつくり、日本軍や重慶政府、そして延安の3つの勢力とのバランスをとりながら中立を維持していました。

閻の事務所には日本の天皇、蔣介石、毛沢東の肖像写真が用意してあり、交渉相手に応じて使い分けていたといいます。

汪兆銘の南京政府は日本から、重慶の国民党はアメリカ、イギリスの支援を、共産党はソ連から支援を得て三つ巴《どもえ》の戦いを続けるうち、共産党は国民党が日本軍との戦闘で消耗するのを狙う作戦を使い、8年の日中戦争の間に100万の兵力を蓄えるまでに急成長するのです。

日本が目指した東アジアの安定と再建

こうして歴史の真実を見てくると、日中全面戦争につながった盧溝橋事件が、日本軍と国民党軍を戦わせるために共産党が行った陰謀《いんぼう》であったことは、いまや明らかです。しかし、日本には「そこに日本軍がいたことが悪いのだ」とする見方があります。

1931年から始まった満州事変でも、満州における日本の特殊権益を守るための紛争だったことから、「満州に権益を設定したことが悪い」と主張する学者もいます。

つまり、日本が中国に進出さえしなければ戦争は起こらなかったという考え方なのです。しかし、これはあまりに後知恵の、歴史的経緯を踏まえない安易な主張ではないでしょうか。

そもそも、18世紀以降、地球規模で人口が増え、民族の移動・移住は、現在にいたるまで世界的な趨勢《すうせい》です。中国人（漢族）も18世紀に人口が増え、雲貴《うんき》高原などの周辺地域に「民族大移動」を始め、19世紀以降は西洋の植民地となっていた東南アジアに移民し、現在では東南アジアにおける中国系の人々が現地の経済を握るまでになっています。

日本人もまた20世紀に入ると、こうした流れに乗って大陸に移住を始めました。たとえば上海や天津などの開港都市には各国の租界ができ、中国には新しい文化がもたらされ、貿易もさかんになりました。

しかし、清末から20世紀に入っても、中国にはまともな政府ができず、現地中国人はもとより、外国人の生命や財産が保障されることはありませんでした。中国に居留民がいる諸外国の多くは、自国民を守るために軍隊を派遣しました。盧溝橋に駐屯《ちゅうとん》していた日本軍もそうした目的を持った部隊だったのです。

日本軍は何も無法に駐屯していたわけではありません。最初の法的根拠は1901年に清朝と締結された「北京議定書《ペキンぎていしょ》」です。

義和団が中国各地で反乱を起こし、外国人と見ればそれを殺し、外国の物があれば破壊していったのですが、当時の清朝政府はただ手をこまねいて何もしないので、諸外国は自国民保護のために北京に軍を送り、治安にあたりました。

反乱後、日本を含む当事国が清朝と結んだ講和条約が北京議定書です。この条約により、日本は各国とともに、軍隊の駐屯と演習が認められたのです。清朝は、大衆の反乱を抑えなかったばかりか、その反乱を利用して諸外国に宣戦布告まで行ったわけですから、政府としての機能がないと認められた結果の条約であり、駐屯軍は現在で言う平和維持軍にあたります。

満州に駐屯していた日本の関東軍は、前身が南満州鉄道の安全確保にあたる守備軍で、日露戦争の講和条約である「ポーツマス条約」に基づく駐屯であり、清朝もそれを承認しています。日本の中国大陸での駐屯や現地における権益は、すべて条約に基づく合法的なものであり、あたかも日本が「土足であがりこんだ」かのような認識は誤りなのです。

そうした条約が中国人から見て不平等であったとしても、当時の清朝政府の力のなさを嘆くべきであって、外国を恨《うら》んでも意味がありません。

日本も幕末に諸外国との間で不平等な条約を結ばされましたが、明治政府は、たとえ不平等であっても徳川幕府が結んだ条約を継承し、その改正のために粘《ねば》り強く努力を重ね、何度も改正交渉を行って、関税や裁判権における不平等をなくしたのです。

しかし、中国では辛亥革命をへて成立した中華民国政府は、日本のような改正の努力をしなかったばかりか、自分たちに不利なものは一方的に破棄《はき》し、諸外国と結んだ条約は無効だと宣言したのです（これを革命外交と呼びます）。このような協調性のない身勝手な政府に、諸外国が不信感を抱いたのは当然です。

明治維新以後の日本が、朝鮮や大陸へ進出したのは、東アジアの秩序安定のため、避けられなかったのです。

当時は軍事力に勝る西欧そしてロシアが植民地を拡大していた時代です。東アジアの国々は次々と西欧に敗れ、植民地となっていました。北からはロシアが虎視眈々《こしたんたん》と北東アジアの大陸や島々を狙っていました。日本一国ではなく、近隣の朝鮮や清と共同で防衛しなければならないと考えるのは当然のことです。

当時の朝鮮や清に列強の圧力をはねかえす力があったならば、日本が半島や大陸に進出する必要はありませんでした。

しかし、われこそ世界文明の中心だという中華思想の中国も、それにならう小中華思想の朝鮮も時代の変化に目を向けようとせず、日本が出ていかなければ、朝鮮はロシアに、中国はヨーロッパ列強にすっかり植民地化され、自国の文化も失われたことでしょう。

明治の日本は、植民地主義の西欧のまねをして海外進出をしたという見方がありますが、これも安易な見方です。

日本はあくまで西欧列強の侵略と植民地化を防ぐことを目標としていたのであり、危機感のない「中華思想」のためにボロボロになった東アジアの安定と再建に尽《つ》くしたということ以外のなにものでもないのです。

すでに述べてきたように、日本は中国に安定政権ができることを期待し、占領地では秩序安定と経済の復興に努めてきたといえるのです。

中国は、現在にいたるまで、ことあるごとに日本の中国への「侵略」を強調し、中国国内で起きる反日デモについては、「自然発生的な民衆の活動であり、すべて日本に原因がある」と主張しています。中国人暴徒が日系商店を襲撃したり、日本車を破壊したりする行為を、「侵略した日本が悪い」という理由でやりたい放題にさせている現状は、ほとんど義和団の乱のときの清朝政府と変わりありません。

現在の中華人民共和国には、建国当時のような社会主義の理想は消え失せています。鄧《とう》小平《しょうへい》が行った改革開放政策により外国資本が流入し、経済は成長してきましたが、格差と汚職《おしょく》がまんえんして、民衆の不満は爆発寸前です。もはや共産党独裁の正当性を失った共産党政権が唯一頼るのは、ナショナリズムをかきたてる「反日」しかないのです。

国民党と共産党のひどい実態

前述のように、西安事件後の1937年に（第二次）国共合作が成立したのちも、国民党と共産党は、表向きは「連携して日本と戦う」はずでしたが、その実態は決して相手を信用せず、裏ではてしない内戦を続けていました。

国共合作のきっかけとなった西安事件では、蔣介石からの攻撃を受け続けてきた軍閥・張学良らが西安で蔣介石を監禁し、即時停戦などの要求をつきつけました。

このとき、共産党から周恩来《しゅうおんらい》らが現地にかけつけ、国共内戦の停止にこぎつけました。それは第一に共産党の温存・発展のため抗日統一戦線をつくらなければならなかったことと、そのリーダーとしてふさわしいのが蔣介石をおいていなかったからでした。

「中国革命の父」として国内はもとより外国からも期待を集めていた孫文が、1925年3月に亡くなると、孫文に代わる実力者がいない国民党内では壮絶な党内の権力争いが起こり、有力者が暗殺されるなどの事件が続きます。

黄埔《こうほ》軍官学校の校長であった蔣介石はこの混乱に乗じて軍権を握り、軍を率いて、対抗する北京政府打倒に向かい、党内で急成長します。

北京政府打倒に成功した蔣介石は、独裁政権をつくろうと、じゃまな国民党内のライバルのとりつぶしにかかります。蔣と敵対関係であった汪兆銘、閻錫山、馮玉祥《ふうぎょくしょう》、李宗仁《りそうじん》、白崇禧《はくすうき》は北京で新たな政府を打ち立てますが、態度を表明していなかった東北の軍閥、張学良が蔣介石に買収されてしまったことで（満州易幟《えきし》）、1930年、蔣VS反蔣の戦争で負けを喫してしまいます。

国民党の内戦である1930年の中原《ちゅうげん》大戦で双方が動員した軍隊は150万人、死者は30万人で、中華民国最大のものとなりました。これは満州事変の1年前のことです。それまでの内戦での犠牲者は3000万人に達するといわれています。

一方、共産党はどうかというと、こちらも国民党と同様に党内での抗争が続いていました。軍閥のような地盤のない共産党がやっていた抗争は、階級闘争と血の粛清《しゅくせい》という形をとっていました。

1920年代、中国共産党は上海に本部を置き、初代の党指導者・陳独秀《ちんどくしゅう》が中心となっていましたが、1927年、周恩来、朱徳《しゅとく》らが江西省南昌《なんしょう》で起こした武装蜂起が失敗し、陳独秀が失脚し、代わりに瞿秋白《くしゅうはく》が指導者となって、ソビエト区と呼ばれる共産党の根拠地の拡大をはかり、土地改革や秋収暴動（秋の収穫期をねらって起こす暴動）などを推進していきます。

このころ毛沢東は湖南省と江西省の境にある井崗山《せいこうざん》を根拠地とし、朱徳らと農民を指導してゲリラ戦法を行っていました。上海の党中央は、李立三《りりつさん》の指導によって大都市攻撃を行うものの失敗に終わり、1931年、満州事変後には党中央は江西省瑞金《ずいきん》を首都とする独自のソビエト政府を設立します。

農民暴動の指導や国民党軍との戦いに失敗するたび、指導者たちは右翼日和見《ひよりみ》主義、左翼冒険主義、左翼日和見主義、右翼分裂主義などの名のもとに失脚させられ、粛清されていきました。

蔣介石はこの機を逃さず、1930年から33年にかけ、5回にわたって共産党つぶしに力を入れ、包囲網をしいて討伐作戦を展開しました。

1934年10月、瑞金の共産党はついに耐えきれず、国民党軍を避けて奥地へと退却し、遠路1万2000キロの道のりを歩いて敗走します。最終的に陝西《せんせい》省延安《えんあん》に逃げ込んで、そこを革命本拠地とするまで、30万あった兵力が3万にまで激減しました。

この多大な犠牲を伴った大移動は、現在の中国では「長征《ちょうせい》」と呼び、偉大なる歴史として讃《たた》えられていますが、存続の危機にあった共産党の敗走を物語る歴史以外のなにものでもありません。毛沢東はこの「長征」の途上で党内権力の掌握《しょうあく》に成功し、1943年には事実上の党主席となり、名実ともに党の最高権力者になります。

こうして、それぞれの党内抗争を見てみると、中国大陸で展開されていた戦いは、日本VS中国というよりは、権力争いと国共戦争ばかりであり、そのたびに犠牲になったのは農民や小市民、そして食べるためだけに入隊した〝ルンペン・プロレタリアート〟といわれる「流民《りゅうみん》」や農民出身の兵士たちでした。抗日戦争は国共内戦に利用されていたにすぎないといえるでしょう。

歴史の真実を知ると、日本が明治維新でまがりなりにも近代国家を築いたこととくらべて、なぜ中国は自力で内乱を収拾できなかったのかという疑問が浮かびます。

「内戦は西欧列強の侵略によって起きた」と簡単に結論づける文化人がいますが、中国大陸の内乱状態は18世紀末から文化大革命にいたるまで約180年近くも続いたのです。それは中国人社会の中に原因があると考えざるをえません。

20世紀の著名な思想家、梁漱溟《りょうそうめい》は中国文化の優位性を主張し、誇りをもって「中国は国家を乗り越えており、一つの天下となっている」と発言して、欧米や日本のような近代国民国家を批判しましたが、組織され教育された国民のいない「天下」は、それがそのまま無秩序なのであり、力のある者が民衆から略奪、搾取することが正当化されてしまいます。

日中戦争中を含む国共内戦時期に乱立した「政府」は、いずれも「全人民を代表する」と称して、民衆から搾取し、本来公共に属する権益や資産を私物化していました。国家・政府は金儲《かねもう》けのための手段のようなものになっていたのです。

自己の利益だけを求めることが正当化された社会で、一人勝ち残るには武力によるしかありません。

事実、毛沢東も「政権は銃口から生まれる」という名言を吐いていますが、これは2000年あまり前、漢《かん》の高祖《こうそ》が「馬上で天下を取る」と言ったのと同じです。司馬遷《しばせん》の『史記』によれば、臣下の陸賈《りくか》が高祖をいさめて「天下を取ったのちも馬上で天下が治められるか」と問い返しました。

中華人民共和国の成立後、1976年の文化大革命の終結まで

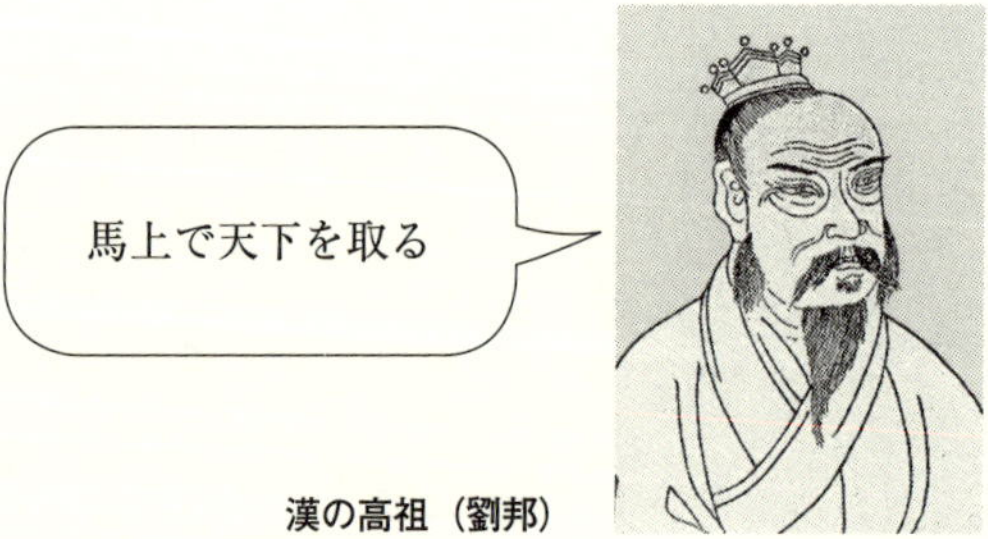

漢の高祖（劉邦）

続いた政治的混乱を見れば、陸賈の指摘は毛沢東にもあてはまるでしょう。

南京大虐殺はあったのか

現在、中国政府が共産党一党独裁の正当化のため、しばしば取り上げては日本政府に揺さぶりをかける「南京大虐殺」は、盧溝橋事件が発端となってやむなく限定的な戦線拡大を始めた日本軍が、１９３７年12月、南京を陥落させたときに起きたとされる事件のことを指します。

日本軍は侵攻の一方で、和平の道も模索《もさく》していましたが、陥落直前、蒋介石は南京からいち早く脱出し、翌年1月、日本政府は国民政府に対して「相手とせず」と声明を出すにいたるという経緯があります。

この南京陥落でいったいどれくらいの犠牲者が出たのか、この半世紀、信用のおける数字は出ていません。おかしなことに、この十数年来、中国側が主張する犠牲者数は増え続けています。

たとえば、盧溝橋事件から終戦までの8年の日中戦争時の犠牲者数については、当初、中国側は300万人だとしていましたが、江沢民《こうたくみん》などはいきなり3500万人などというとんでもない数字を言い出したことがあります。しかも何の根拠も示しませんでした。

蔣介石が戦後発表した数字によると中国側の戦死者が131万9000人あまり、戦傷者、行方不明者もあわせて438万人あまりとなっています。香港、台湾、アメリカなどの専門家によるデータでも、死傷者数は数十万から数百万のレベルであって、千万レベルになどにはなりません。

1000万人といえば、満州事変のとき、ちょうど西北地方で大飢饉《だいききん》が起き、当時の国民政府が発表した餓死者の数と同じです。この飢饉では人肉を食うという悲惨な状況で、日本政府も二つの調査団を派遣しました。

日中戦争では、近代軍である日本軍に中国軍はとてもたちうちできず、ほとんど戦う前に逃げ出してしまうので、戦争の実態は逃げる中国軍を追っていくだけの「いたちごっこ」だったのです。仮に1000万人だとしても、日本軍がそこまで殺人を行う必要はありません。

さて、日本軍の南京陥落における犠牲者数は、最近新装された中国の「南京大虐殺記念館」の公式ホームページによると、日本軍は6週間にわたり、城内で19万人、城外で15万人を殺し、2万人の女性を強姦《ごうかん》・輪姦し、人民から財産を奪い、放火をしたとなっています。

しかし、この描写は、あまりにも中国で古来より行われてきた「屠城《とじょう》」に似ています。前述しましたが、「屠城」というのは古来中国で行われる戦争のあり方で、城を攻め落としたら、兵士らが城内の住民を暴行し殺害し、財産を略奪することをいいます。「屠城」の歴史は、春秋戦国時代にまでさかのぼり、当時築城の技術が発達したことから始まりました。

逆に、日本で城といえば、封建領主の砦《とりで》であり、町民は城下に、農民は村落に居住し、領主同士の戦いがあっても、町民や農民の生活には深刻な影響はありませんでした。たとえば、関ヶ原の合戦では、農民たちが弁当を食べながら山の上から観戦していたという逸《いっ》話《わ》があるくらいです。

一方、大陸中国では、古来人民は周囲を高く厚い壁で囲んだ中に集まって居住し、朝になれば門から出て畑仕事をし、夕刻に城内に帰ってくるという生活スタイルでした。こうすることで、遊牧民や匪賊などの略奪、暴行から身を守ることができるからです。

しかし、いったん城門が破られると、住民たちに逃げ場はなく、そこは修羅場《しゅらば》と化してしまいます。城内の住民は好むと好まざるとにかかわらず、城主と運命をともにしなければなりません。これは「洗城《せんじょう》」(城内を血で洗う)ともいい、なだれこんだ兵士たちは強姦でも殺人でも略奪でも、好き放題をしていました。

このように中国で戦争といえば住民虐殺が常識なのです。敵がいかに悪いことをしたかを説明するには「屠城」の描写が不可欠であり、それがなければ説得力がなくなるほど、「虐殺」は中国文化の一部となっているのです。

戦後、共産党独裁の正当性を語るうえで、日本軍の「悪逆非道《あくぎゃくひどう》」は不可欠なプロパガンダ(宣伝)の一環だったのです。日本軍を歴史の悪役に仕立てるために、「南京大虐殺」のストーリーが考え出されたわけです。

日本の文化にないものを中国の文化で語ろうとするから、歴史の捏造《ねつぞう》であることがすぐにわかります。

また、南京大虐殺の「証拠」とされる写真もありますが、それらは、たとえば南京占領時は真冬であるはずなのに、日本軍とされる兵隊の服装が夏服だったりと、いいかげんなものばかりで、すべて否定されています。

なお、南京大虐殺を科学的に検証して、そういう事実がなかったという結論を導き出したものには、日本南京学会（東中野修道《ひがしなかのしゅうどう》会長）からだけでも数多くの研究書が出版されています。

このように古来血気《けっき》さかんな文化の中国では、現在でも台湾に対し、「台湾海峡を血の海にする」「台湾を血で洗う」という表現で脅したり、いまだ小中華であり続ける北朝鮮政府が「ソウルを火の海にする」などという表現ですごんでみたりするのです。

アヘン戦争では、アヘンを売りつけて中国の富を奪うイギリス軍討伐のために広州にかけつけた湖南軍が、広州市民の豊かな生活ぶりを見て、イギリスと戦うどころか、兵士たちは現地住民たちを虐殺し、財産を略奪しまくったということがありました。

中国の「屠城史」を読むかぎり、南京や北京、西安、洛陽《らくよう》、開封《かいほう》のような三重の城壁に囲まれた都市にかぎらず、大虐殺は商業都市の揚《よう》州や広州でも起こりました。

とくに外国との交易で潤《うるお》っていた広州は略奪の対象となり、唐の時代からたびたび大虐殺にみまわれ、アヘン戦争後も広州市民は何度も軍閥や匪賊の被害にあっています。「革命の父」孫文も「広州大虐殺」まで行って、非難されたほどでした。

下って、中華人民共和国の時代になっても血で血を洗う闘争は続き、日本人も国民党もいなくなった国内で、今度は「階級」が対象となり、社会主義理論に基づく非現実的な

「右派」「資本家」「スパイ」「地主」などの「悪役」が設定されました。当時の東西冷戦体制のもと、危機感にかられた共産党はみずからの正当性維持のため内部に「敵」をつくりだし、兵士ならぬ一般人民に「敵」を虐殺させ、国の一体化と党の存続をはかってきたのです。

「田中上奏文」「七三一部隊」「三光作戦」という3大ウソ

前項で「南京大虐殺」が中国による歴史の捏造だということを述べましたが、それ以外にも中国による歴史のウソは、数え上げたらキリがありません。

日本人にはあまり知られていませんが、「田中上奏文《じょうそうぶん》」(田中メモランダムとも呼ばれる)という文書があり、現在、中国でも知られています。

これは1927年、田中義一《ぎいち》元首相が極秘で天皇に上奏したとされるもので、「中国を征服するには、まず満州、モンゴルを征服し、世界を征服するには、中国を征服しなければならない」「これは日本帝国の存立のために必要である」という主旨の文書ですが、明らかな偽書《ぎしょ》です。中国やロシアなどではいまだに反日材料として使われ、中国やロシアの公式見解にしたがうことで利益を得ている日本人学者は、この「上奏文」を事実として認識しています。

この「上奏文」は昭和初期にアメリカで発表され、１９２９年には、駐北京日本大使館から日本に伝えられました。同年10月に京都で開かれる第3回太平洋問題会議で、「世界に向けて日本の侵略の陰謀を暴く」という目的で、中国代表がその中国語訳を発表したのです。

しかし、その当時から内容があまりに現実離れし、天皇への上奏文だというのに、違和感のある語感、表現だったので、翌年には外務省が「偽物」と判断して中国政府に抗議し、戦後の東京裁判でも、あまりに非現実的だったため、検察側が取り上げなかったくらいです。

いまだ中国は「田中上奏文」が事実だと主張していますが、なぜか日本語による原文は存在せず、「上奏文」出現の最初の文書は中国語で、英語やロシア語は中国語から翻訳されているという

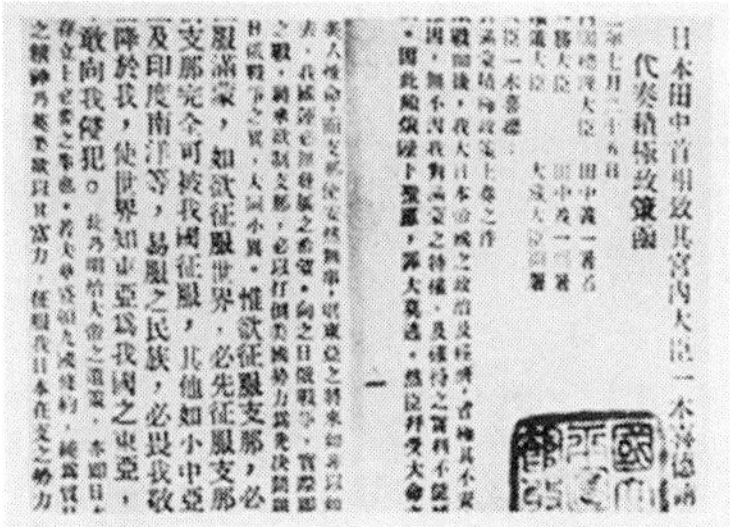
日本田中首相致其宮內大臣一木喜德郎代奏積極政策函
服滿蒙，如欲征服世界，必先征服支那，必
支那完全可被我國征服，其他如小中亞
及印度南洋等，易服之民族，必畏我敬
降於我，使世界知東亞為我國之東亞，
敢向我侵犯。

偽書とされる**田中上奏文**

ことです。

オリジナルの入手については諸説あり、その一つに戦後、自分が手に入れたと言う蔡智《さいち》堪《かん》なる人物が香港の新聞に発表した手記によれば、「東三省保安総局司令官公署」なる組織から依頼を受け、アヘン中毒になっていた日本の内大臣にアヘンを渡し、宮中に忍びこんで書き写したということですが、現物の日本語文は存在しません。

どんなに近現代史を知らない日本人でも、日本の大臣がアヘン吸引者だとか、天皇が世界征服をしようとしていたなどという話は「爆笑」そのものでしょう。こんな三文小説まがいのでっちあげ文書が、いまだ完全否定されていないという現状に対して、日本はもっと真剣に取り組むべきではないでしょうか。

関東軍七三一部隊といえば、中国人を人体実験に使って細菌兵器開発を行っていたとされる部隊で、この「悪行」を有名にしたのが森村誠一の『悪魔の飽食《ほうしょく》』という本でした。

この本は1981年に出版され、ベストセラーになって、続編も出されています。これを読んだ人は、日本軍の残酷きわまりない「事実」に大きなショックを受けたものでした。

しかし、その後、本に掲載された写真に捏造されたものが使われていたことがわかり、また記述にも事実に基づかないところがあり、現在ではフィクション（作り話）であったことが明らかになっています。

ところが、この「フィクション」は、日本軍の残虐性を示す「事実」として一人歩きを始め、1936年から45年まで、毒ガス爆弾やペスト、コレラ、炭疽菌《たんそ》などを使う細菌兵器を研究、製造し、3000人以上の中国人、ロシア人、朝鮮人、モンゴル人などに生体実験を行った……という話がまことしやかに広まっていったのです。

真実の七三一部隊とは、関東軍防疫給水部《ぼうえききゅうすいぶ》を指揮した石井四郎軍医中将が率いる第七三一部隊のことで、軍隊での伝染病の予防や治療などのための衛生《えいせい》部隊であり、「防疫給水部」という名称で、関東軍のみならず、北支、中支、南方など各方面軍に置かれていました。

軍内にこのような組織ができたのは、日露戦争後のことで、当初は「野戦《やせん》防疫部」という名称でした。つまり、日本列島とは環境の違う地域で戦うためには兵士の健康管理が重要な課題だったからです。

日本軍が中国大陸での戦線でもっとも悩まされたのは、中国軍の攻撃よりも、ペスト、マラリア、赤痢《せきり》、コレラ、腸チフスなど、現地の感染症で、日本軍の野戦病院で病死した人は、戦死者より多かったのです。防疫は何よりも大事な任務なのです。

日本陸軍内で使われていた「給水部」という名称も、飲用に使う水によって感染症にかかる確率が高く、兵士に与える水がどれほど重要だったかを表しています。

清らかな日本の水と違って、当時の大陸中国の水は不衛生きわまりないものでした。つまり、この部隊の第一の任務は衛生管理や感染症予防、そして治療や給水などの医療活動だったわけです。

では、細菌兵器の開発を行っていたかどうかについては、戦後、アメリカ軍が石井軍医ら部隊幹部から聞き取り調査を行った記録文書によると、細菌兵器開発の予算は全体の20パーセントとされています。

開発は行われてはいましたが、一人歩きしている「事実」とはほど遠いほどの小規模であり、アメリカ側の文書でも、「ソ連、中国軍が細菌兵器で日本軍への妨害行為を行っているという疑いが、石井を細菌兵器開発にかりたてた」と分析し、ソ連の細菌開発所の存在も明らかにしています。

石井部隊は、ソ連、中国軍の細菌兵器に対する防衛から研究・開発せざるをえなくなったといえるでしょう。

中国の反日プロパガンダとして、かつてよく持ちだされていたのが、日本軍による「三《さん》光《こう》作戦」です。この虚構はさらに奇妙です。

三光とは、「奪い尽くし、焼き尽くし、殺し尽くす」残虐行為だというのですが、じつはこのもととなるのは「搶光、焼光、殺光」という中国語であり、「光《グワン》」は中国語で「すっかりなくなる」という意味です。たとえば「全部食べた」は中国語が「吃光《チーグワン》」という用法なのです。

日本軍がなぜ中国語で作戦名をつけるのでしょうか。日本軍の記録にも「三光」に相当する記録はほとんど見当たらず、あるのは中国側の証言や、あいまいな日本人将兵の記憶による断片的な証言しかありません。第一、そこまで残虐なことをする必要が、日本軍にあったでしょうか。

「三光」は中国の伝統的な戦争文化で、城を落とせば、兵士たちが城内で好き放題、略奪し、殺し、放火することが認められていました。日中戦争中は、追撃してくる日本軍が物資を現地調達できなくするよう、中国軍が先に住民に対して「三光」を行っていたのです。

そもそも「三光」作戦は、国民党と共産党の双方が相手の「極悪非道」を非難する際によく出てくる言葉であり、この言葉を日本軍にまで当てはめて広めたのは、日本の反日的な日本人たちなのです。

日中戦争で最後に得をしたのは誰なのか

中国はことあるごとに犠牲者数を水増ししつつ、日本に謝罪と反省を求め続けています。しかし、冷静に歴史的事実を踏まえて振り返れば、日中戦争では日本が中国に謝罪する事柄よりは、中国が日本に感謝すべき事柄のほうがずっと多いのです。

日本軍は、地域を占領した後、ひたすら戦災復興に努め、治安維持、近代化建設を積極的に行いました。そうすることで占領作業が合理的に行われ、早期に平和で安定した社会がつくれるからであり、ひいては日本の安定と発展につながるもっとも有効な手段だったからにほかなりません。

略奪や虐殺に走るなど、自分の首を絞めるようなものです。日本人はそれほど愚かではないでしょう。逆に、中国では略奪や虐殺が日常茶飯事《さはんじ》でした。

たとえば、盧溝橋事件後の1938年と39年、蔣介石が臨時首都とした重慶地区では豊作続きだったのですが、40年になると米、小麦、大豆の価格が一けた値上がりをしました。

この異常な高騰《こうとう》は、決して農作物の不作などが原因ではありません。地主、大商人、官僚、軍人など、権力と財力のある人間が投機目的で買いだめに走ったからでした。

食糧をつくるのは民衆にほかなりませんが、こうした権力者たちは、本来経済の基盤を支える民衆の生活、生命をなんとも思わず、自分の財産を増やすことしか考えません。こういう姿勢は、まさに中国の伝統社会の特徴なのです。

戦争のあり方も中国では古来の伝統を踏襲《とうしゅう》していました。中国では「好男不当兵」（よい男は兵隊にならない）ということわざがあり、兵隊は最低だと思われていました。というのも、兵隊になるのは、貧しい家の男子で、やむにやまれず軍に入ったからです。

前述したように、末端の兵士は常に前線に立たされても、軍から報奨金が与えられるわけではなく、戦いに勝てば占領地の住民から好き放題略奪することが許されていました。

つまり、兵士たちにとって民衆からの略奪は命の危険をおかした代償のボーナス、ここぞとばかり略奪に走ったのです。民衆にとって兵士は恐怖であり、軽蔑《けいべつ》の対象でもありました。民衆の目からは、国民党軍であろうが、共産党軍であろうがみな同じだったのです。

ところが、日本軍は違っていました。近代国家の軍としての規律を身につけた兵士たちは、占領後も略奪をしないどころか、治安維持を行い、戦災復興を始めたのです。それを見た民衆はびっくりし、軍隊へのイメージを一新しました。

そのよい例が満州国です。日本軍指導によって建国された満州国では、その他の中国の地方と違って秩序が保たれ、より安心して生活できました。

1932年の建国以来、略奪や貧困に苦しむ中国の民衆の目には「桃源郷」に映ったのか、満州をめざして移住してくる人が絶えず、前述したように建国当初3000万人だった人口が、終戦時の1945年には4500万人にも達しています。

医療の面でも、日清戦争後の1902年には、中国および朝鮮での医学普及を目的とする同文医会が結成されます。これは近衛篤麿《このえあつまろ》公爵ら、日本の医学界の人々が中心となった組織で、その後「同仁会」という名称となり、中国、朝鮮で医学校の設立、医学・薬学の人材育成、現地への医師派遣などの活動を行いました。

「同仁会規則」の第五条には「この会の目的は、清朝、朝鮮、アジア諸国に医学、およびそれに伴う技術を普及させ、なおかつこれらの国の人々とわが国の人々の健康を守り、病気の苦しみから救うことである」（現代語訳）とあります。

同仁会はこの理念のとおり、辛亥革命のときに日本人医師を現地に派遣し、軍閥による内戦時や、長江の氾濫《はんらん》などの水害の際に、医師、看護師、助産師を派遣しているのです。この組織は主に寄付金によって運営されていたので、まさに日本版「国境なき医師団」といえるでしょう。

　これはほんの一例に過ぎません。しかし、日本の敗戦によって、日本軍が去った旧占領地は「接収」の名のもとに接収員が伝統的な「略奪」を始め、早い者勝ちで財産を自分のものにしたのです。

　終戦時における「接収」というものは、現地に混乱が起きないように計画的に行われるもののはずです。結局、「接収」ならぬ「略奪」によって、せっかく日本が苦労して築いた秩序も経済も破壊され、もとのもくあみとなりました。

　日本が日中戦争のあいだにつくった「東亜新秩序」は、中国民衆に安心と豊かさを与えました。たとえば、1945年の日本の敗戦により、親日政権である汪兆銘の南京政府も崩壊《ほうかい》しましたが、終戦時の8月に1石100～130元だった米価が、重慶政府による「接収」で8か月後にはハイパーインフレが起こり、1石5万元と、約500倍も値上がりしたのです。

　満州事変後、当時の国際連盟で松岡洋右《ようすけ》外相は「日本はむしろ

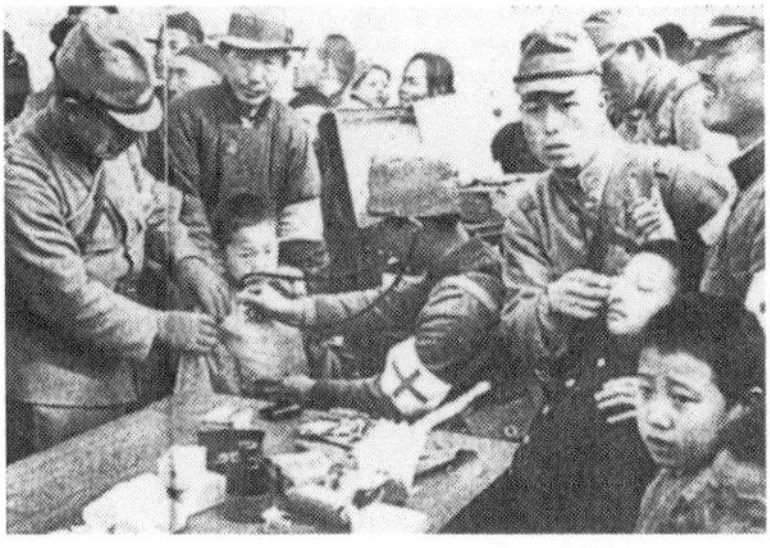

南京に入城した日本軍の衛生班は、中国の人たちの治療にあたった
（写真：アサヒグラフ）

被害者だ」と発言しましたが、現在そうした歴史観を持っている日本人はほとんどいません。

私は、中国はむしろ日本に感謝すべきだと考えています。その理由は4つです。

一、東アジアの秩序を再建し、軍閥や匪賊のような無法な武装集団を追放し、社会を安定させた。

二、近代化が遅れていた中国に、占領地において医療、鉄道・道路・港湾・流通などのインフラを構築し、平和をもたらす近代化建設を進めた。

三、中国に絶えることのなかった農村の飢餓《きが》状況を改善し、農村の復興に努めた。

四、資本・技術の移転、近代文化の伝達を通して、近代民族主義、国民主義を伝えた。

そして、日本が期せずしてはたした大きな役割は、18世紀以来150年にわたる内戦、内乱が続く中国に、「共同抗日」というアイデンティティをもたらしたということです。

中国共産党政権は、この4つの恩恵を土台として政権を築きました。しかし、社会主義思想が説得する力を失った現在、中国共産党という独裁政党が政権党として国民の誰をも納得させる最後のよりどころが「抗日」「反日」「仇日」なのです。

中国の日本敵視はなぜ終わらないのか

第1章で見たように、19世紀末から20世紀初頭にかけて、中国では日本に追従《ついじゅう》するブームが巻き起こりました。日本を東夷・倭夷と見下す「蔑日《べつにち》」から一転、「師日《しにち》」「慕日《ぼにち》」が始まったのです。

日本も「支那革命」を第二の明治維新として応援しましたが、辛亥革命後の中華民国はじょじょに「排日」「抗日」へと傾いていきます。

そのきっかけとなったのが、第一次世界大戦中の1915年1月、日本政府が帝制をめざす袁世凱政府に対し、日本権益の再確認に関する「二十一か条の要求」を突きつけたことでした。さらに第一次大戦後の1919年に起きた反日・反帝国主義運動「五四《ごし》運動」(1919年)が起こり、中国は抗日への道を歩んでいくことになります。

とはいえ「二十一か条の要求」「五四運動」がなくても、「師日」「慕日」はいずれ終わりを迎えたのではないでしょうか。日中どちらのせいというわけではなく、それが当時の東アジア情勢の流れでした。

アヘン戦争以後、中国の利権をめぐる列強の争いは激化しました。賠償としてイギリスが香港を得たのをはじめ（1997年に中国に返還）、その他の諸国も中国を狙って動き出しました。

日清戦争で日本が割譲された遼東《りょうとう》半島を清に返すようロシア、ドイツ、フランスが要求した三国干渉もその一つですが、背景には黄色人種の進出を恐れる欧米側の危惧《きぐ》（黄禍論）がありました。三国干渉は日露戦争の一因となり、さらに日韓合併なども絡んで、各国の思惑が激しくぶつかり合うようになります。

中国国内では党派や勢力が乱立し、対立を繰り返しました。各国も自国の利権を守るべくそれぞれの勢力に加勢します。日本は張作霖や汪兆銘などの諸勢力、アメリカ、イギリスは袁世凱、また蔣介石ら国民党、そしてソ連は毛沢東ら共産党勢力を支援し、情勢は複雑さを増していきました。

蔣介石の国民党軍によって追い詰められた共産党は、起死回生のため「逼蔣《ひっしょう》抗日」（蔣介石に抗日を迫る）を打ち出しました。共通の敵に対して手を握り合おうという考えです。これが日中戦争の主因となります。

1945年に日本がアメリカとの戦争に敗れて中国から撤退した後、国共内戦は再び激化します。内戦に勝利し、1949年に中華人民共和国を打ち立てた共産党は、当初、日本をまったく視野においていませんでした。

アメリカ帝国主義こそ「世界人民最大の敵」とされ、日本はせいぜいその番犬にすぎませんでした。

韓国が「恨《ハン》」から日本をあえて軽視した「ジャパン・バッシング」であるのに対し、中国はむしろ「ジャパン・ナッシング」「無日」というべき状態でした。革命を成功させ、世界革命・人類解放を目指していた中国は自信にあふれており、敗戦国の日本など取るに足りない存在でした。

チベットの農奴解放、朝鮮戦争への義勇軍派遣、ベトナム戦争やカンボジア内戦に支援するなど、この時代の中国は革命を全世界に輸出しようと必死でした。しかし、たび重なる戦争や、国内でも文化大革命の嵐が吹き荒れるなどして、やがて中国は当初の勢いは見る影もなく疲弊《ひへい》していきました。

中国が世界革命に熱狂する一方、日本は経済大国への道を着実に歩み続けてきました。敗戦国から瞬く間に世界第2位の経済大国へと成長した日本は、嫉妬《しっと》と脅威の対象として、再び中国の眼前に立ち現れることとなります。

文化大革命で失脚していた鄧小平《とうしょうへい》は後に権力の座に返り咲き、1978年に日中平和友好条約を結びます。日本で新幹線に乗り、その技術力に圧倒された鄧は「日本に見習わなくてはならない」と改革開放に着手し、経済を大きく発展させました。その一方で南京大虐殺記念館を建設するなど、愛国教育も推し進めています。

近年は靖国神社問題、歴史問題、また尖閣諸島問題などが頻発《ひんぱつ》し、日中関係の悪化が叫ばれるようになりました。

その背景には、GDPで日本を抜き世界第2位になるなど、最近の経済成長によって大国の自信をつけ、発言力が大きくなってきたことがあるでしょう。

しかしそれ以上に大きいのが、格差、貧困、環境汚染、民族不和、といった矛盾の拡大です。この数年、中国では不満をかかえた人民による暴動が頻発《ひんぱつ》しています。2011年に中国国内で起きた暴動は18万件とも報じられました。こうした国内の不満の矛

鄧小平

先を共産党からそらすために、日本への敵意をあおっているのです。

国内の矛盾が高まったときに日本を敵視するのは、日清戦争や国共内戦の時代から変わっていないのです。

あとがき

「歴史は繰り返す」といいますが、当然ながらそれぞれの歴史はけっして同じではなく、類似《るいじ》しているだけにすぎません。

日中間の過去について、日本がもっとも非難されているのは、「日中戦争」に関してです。欧米では、たいてい戦争が終われば、平和条約を結んで、新しい関係をスタートします。中国のように、いつまでも他国に反省と謝罪を求めるようなことはありません。

かつて中国の国家主席だった江沢民《こうたくみん》などは、「日本に永遠に謝《あやま》らせる」ということを口にしています。

本書では、なぜ日本と中国が戦争にいたったのか、その理由を順を追って説明してきました。

日本には、中国が主張するように、「日本が悪かった」と考えている人も多いでしょう。

しかし、私も含めて、たいていの台湾の日本語族は、「日本が悪かった」という考えはほとんどありません。しいていうならば、「もっとも悪かったことは、日本が戦争に負けたことだ」と思っているのです。

もちろんそういう考えは、「岡目八目《おかめはちめ》」の台湾人だけではありません。終戦当時の日本の将官《しょうかん》たちも、「日本が負けたこと」については「万死《ばんし》の大罪《たいざい》」として責任を感じていました。

ところが、それが今では「対外進出したこと」「戦争したこと」自体が悪いということになってしまっています。

おそらくそれは、中国から押し付けられた「歴史認識」の影響と、日本人の国家意識の消失が関係していると思います。

本書は、少しでも多くの人が、この中国の「歴史認識」という呪縛《じゅばく》から解《と》き放《はな》たれるために書いたものです。

[著者紹介]
黄　文雄（こう　ぶんゆう）

1938年、台湾生まれ。1964年来日。早稲田大学商学部卒業、明治大学大学院修士課程修了。『中国の没落』（台湾・前衛出版社）が大反響を呼び、評論家活動へ。1994年、巫永福文明評論賞、台湾ペンクラブ賞受賞。日本、中国、韓国など東アジア情勢を文明史の視点から分析し、高く評価されている。著書に、『黄文雄の近現代史集中講座』シリーズ、『日本人はなぜ世界から尊敬され続けるのか』『日本人はなぜ中国人、韓国人とこれほどまで違うのか』（以上、徳間書店）、『中国人が死んでも認めない捏造だらけの中国史』（産経新聞出版）など多数。

中学生に教えたい
日本と中国の本当の歴史

第一刷　2012年12月31日

著　者　黄 文雄
発行者　力石幸一
発行所　株式会社徳間書店
〒105-8055　東京都港区芝大門2-2-1
電話　編集 03-5403-4344　販売 048-451-5960
振替　00140-0-44392
カバー印刷　近代美術株式会社
印刷製本　中央精版印刷株式会社

乱丁、落丁はお取替えいたします。
ISBN978-4-19-863528-2